Contemporánea

Narrador y ensayista, **Enrique Serna** nació en la Ciudad de México en 1959. Desde la aparición de *Señorita México*, su primera novela, hasta la fecha, su obra ha cautivado a decenas de miles de lectores. Con *El seductor de la patria*, "una de las grandes novelas latinoamericanas de las últimas décadas", a juicio del historiador literario Seymour Menton, obtuvo el premio Mazatlán de Literatura y el privilegio de llegar al gran público en una popular adaptación radiofónica. Otra de sus populares novelas históricas, *El vendedor de silencio*, fue galardonada con el premio Xavier Villaurrutia. Sus cuentos —reunidos en los libros *Amores de segunda mano*, *El orgasmógrafo* y *La ternura caníbal*— figuran en las principales antologías del género. En 2002, un jurado convocado por la revista *Nexos* lo incluyó en el *top ten* de los mejores cuentistas mexicanos del último cuarto de siglo y, un año después, Gabriel García Márquez lo seleccionó en una antología de sus cuentistas mexicanos favoritos publicada por la revista *Cambio*. La ironía de doble filo y el humor negro marcan la tónica de toda su obra, tanto en la narrativa como en la crónica y el ensayo.

Enrique Serna

Giros negros

DEBOLS!LLO

El papel utilizado para la impresión de este libro ha sido fabricado a partir de madera
procedente de bosques y plantaciones gestionadas con los más altos estándares ambientales,
garantizando una explotación de los recursos sostenible con el medio ambiente y beneficiosa para las personas.

Giros negros

Primera edición en Debolsillo: julio, 2022

D. R. © 2008, Enrique Serna

D. R. © 2022, derechos de edición mundiales en lengua castellana:
Penguin Random House Grupo Editorial, S. A. de C. V.
Blvd. Miguel de Cervantes Saavedra núm. 301, 1er piso,
colonia Granada, alcaldía Miguel Hidalgo, C. P. 11520,
Ciudad de México

penguinlibros.com

Diseño de portada: Penguin Random House / Paola García Moreno
Imagen de portada: Getty Images
Fotografía del autor: © Víctor Escobar

ISBN: 978-607-381-614-4

Impreso en México – *Printed in Mexico*

A la memoria de Luis Castanedo

BIENVENIDA A LA CARPA

A mediados de los años noventa, los reporteros de la fuente policial acuñaron el membrete "giros negros" para designar los puestos de fayuca, los garitos clandestinos, los expendios de droga y los antros de putas con venta de bebidas adulteradas. La expresión me pareció un hallazgo poético involuntario, si bien consideré injusto restringirla a los bajos fondos, como si no existieran vasos comunicantes entre la cúpula y el subsuelo de la sociedad. Para ampliar el campo semántico del membrete y subsanar la injusticia verbal cometida contra los rufianes de poca monta, durante cuatro años escribí una columna con ese nombre en la revista *Letras Libres*, donde me dediqué a escudriñar, con malsana curiosidad, los giros negros de la vida cultural, política y erótica, los bajos mundos de la farándula y la academia, las patologías neuróticas del hombre contemporáneo, las transgresiones mediocres, las claudicaciones del orgullo patrio, sin olvidar, por supuesto, los giros negros de la vida nocturna, que siempre me han atraído como un abismo magnético. En los últimos años he continuado esa tarea, con menos frecuencia, en otras publicaciones que me han ofrecido hospitalidad (*Confabulario*, *Nexos*, *Crítica*), y de tanto girar en círculos al acecho de la carroña, he llegado a reunir un mosaico de crónicas, ensayos y piezas de varia invención que tal vez contribuyan a delinear el espíritu de una época.

Como los cazadores astutos, la reflexión humorística no ataca frontalmente a sus presas: prefiere dar un rodeo en espera de una paradoja reveladora que le permita dar en el blanco o ver más allá de las apariencias. De manera que este libro tiene una vocación giratoria por partida doble: no es un edificio bien ordenado, sino un rehilete que dispara ideas en varias direcciones, a veces opuestas, con la esperanza de que alguna pueda germinar en la mente del lector. He admirado siempre la búsqueda de objetividad en la crónica y el ensayo, y me esmero por aparentarla en la escritura de ficción, pero nunca he podido ocultarme tras bambalinas cuando expongo una opinión corrosiva. De manera que este conjunto de textos es también un diario indiscreto donde el autor se incluye en el mundo ridiculizado, a la manera de Petronio, el autor del *Satiricón*, que no se creía moralmente superior a su objeto de escarnio (la sociedad romana en la época de Nerón) y quizá por eso la retrató con mayor acierto que Juvenal, el predicador adusto que la condenaba con santa cólera. En un país donde todo el mundo quiere darse importancia, el legado de Petronio tiene más vigencia que nunca, pues permite abolir las distancias entre el autor y su público. La cátedra no admite réplica, en cambio la charla informal suscita respuestas espontáneas, ya sean de rechazo o de aprobación. Como cualquier escritor, quiero convencer, pero me gustaría que este libro fuera leído como yo lo escribí, con el ánimo festivo y chocarrero del espectador que asiste a una carpa.

I

VIDA DISIPADA

EL CLUB DE LOS ARTISTAS

Desde su extinción, a mediados del siglo xx, las carpas donde se forjaron los grandes cómicos del cine mexicano tienen la aureola mítica de los tesoros irrecuperables. Lo mismo sucederá, en pocos años, con los cabarets de barrio, una especie amenazada de muerte por la irrupción de los tugurios con *table dance*. En el libro de crónicas *Cabarets de antes y de ahora en la Ciudad de México* (Plaza y Valdés, 1991), Armando Jiménez dio cristiana sepultura a más de 100 antros con variedad desaparecidos hasta el momento. De entonces para acá, la fiebre del tubo ha seguido devastando el folclor urbano, y en la actualidad sólo quedan en pie algunos cabarets con show de burlesque (el Savoy, el Azteca y quizá dos o tres más) que sobreviven de milagro, gracias al sostén de su vetusta clientela. El deceso de los viejos cabarets no ha sido tan lamentado como el de las carpas, ni los cronistas urbanos han enarbolado la bandera de la identidad para defenderlos, a pesar de que su muerte representa una grave mutilación cultural. Tampoco la clientela masculina parece deplorar esta pérdida: encantados de tener poluciones nocturnas con la ropa puesta, los juerguistas sin memoria se dejan desplumar dócilmente por los dueños de los nuevos clubs, que ahora obtienen el doble de ganancias con la mitad de la inversión. Entre la indiferencia de unos y la complacencia de otros, nuestros giros negros se han teñido de gris y sus clientes cautivos se van convirtiendo, sin notarlo siquiera, en texanos de cuarta categoría.

Por fortuna, me tocó ser un joven antrero en tiempos anteriores a la globalización de la libido, cuando los cabaretuchos piojosos aún tenían voluntad de estilo. Mi favorito era El Club de los Artistas, ubicado en Doctor Vértiz 118, donde antes estuvo el legendario cabaret Leda. Me llevó a conocerlo Marco Aurelio Hernández, el jefe de dibujantes de Procinemex, la agencia publicitaria del cine estatal en tiempos de López Portillo, donde trabajé mientras estudiaba la carrera de Letras. Marco Aurelio era un pervertidor de carácter paternal, con amplia experiencia en el submundo de la bohemia. Divorciado y sin hijos, de pelo entrecano y tez sonrosada, llegaba a la oficina precedido por un intenso aroma a lavanda inglesa, después de haber hecho pesas en el gimnasio, donde había logrado formarse un macizo cuerpo de luchador. Como ocupaba un cargo sindical de mediana importancia en la sección 46 del Sindicato de Trabajadores de la Industria Cinematográfica (STIC), ganaba lo suficiente para llevar esclavas de oro y vestir elegantes trajes de solapas anchas. Uno de sus lujos era quitarse las crudas con pases de coca, vicio que le había valido el apodo de Narco Aurelio. Era el rey de los tugurios de la colonia Doctores, donde los capitanes le daban trato de gran señor.

La noche que me llevó a conocer El Club de los Artistas nos dieron la mejor mesa de pista, y en seguida las vedettes que esperaban turno para salir a escena se abalanzaron a besuquearlo. Sorprendido por la bienvenida, pensé ingenuamente que mi amigo las volvía locas con su personalidad de padrote. La verdad era que lo mimaban por interés: Narco Aurelio dibujaba los carteles de las películas de los Calderón (*Bellas de noche*, *Las ficheras*, *Noches de cabaret*) y su talento para delinear muñecas neumáticas le había granjeado los favores de muchas aspirantes al estrellato, que buscaban usarlo como trampolín a la fama. Un simple cartelista como él no podía conseguirle papeles a nadie, pero las vedettes segundonas, por su innata propensión al fracaso, siempre ceden al impulso de acostarse con el hombre equivocado.

Desde el primer vistazo a la escenografía del club, me llamaron la atención los murales con escenas prehispánicas (el juego de pelota, los voladores de Papantla), que al parecer buscaban atraer al turismo o dignificar el comercio carnal con los oropeles del arte. Ahora sé, por la lectura de Armando Jiménez, que los murales eran un elemento esencial en los bares y cabarets de antaño. Los pintaban por unos cuantos pesos los alumnos de la escuela de San Carlos, que siempre andaban en busca de un espacio público, así fuera en los lupanares, para seguir los pasos de los tres grandes (todavía quedan algunos murales de este tipo, conmovedores por su encanto *naif*, en bares de ficha como El Gran Vals). Como El Club de los Artistas ocupaba el mismo local del antiguo cabaret Leda, frecuentado en su época de esplendor por famosos pintores, escritores y estrellas de cine, sus dueños habían intentado conservar el aura *chic* del antro, dándole una atmósfera de museo. Pero los murales habían empezado a descascararse por la humedad y las pretensiones artísticas del cabaret sólo conseguían acentuar su decrepitud.

Cuando el animador anunció el inicio del show, la pista de baile se elevó metro y medio, hasta quedar al ras de nuestras cabezas. La altura de la pista permitía que al final de la variedad las encueratrices más atrevidas salieran a bailar con una uva en la entrepierna, y los parroquianos pudieran lamerles la vulva con sólo estirar el cuello. Corrían los felices tiempos anteriores al sida, cuando el máximo riesgo por esos lances era pescar unas tricomonas. A expensas de Narco Aurelio, que invitaba los tragos y se dejaba fichar con el desenfado de un sultán, la noche de mi debut en El Club de los Artistas estuve acompañado por una vestal pelirroja con un negligé traslúcido. Jamás había conversado con una dama de alquiler y, como era un chavito recién salido del cascarón, sólo atiné a tartamudear preguntas idiotas (¿cuántos años tienes?, ¿de dónde eres?, ¿te gusta algún deporte?, ¿sólo trabajas o también estudias?), como si estuviera ligándome a una colegiala en una *kermesse*.

La pelirroja me miraba con extrañeza, amurallada en un hosco silencio. "Me estoy comportando como un pendejo —pensé—, por eso me aplica la ley del hielo." Quise acudir a Narco Aurelio en busca de auxilio, pero ya para entonces traía una tranca monumental y sólo atinaba a farfullar incoherencias. De pronto la pelirroja terminó su vermut de agua pintada, se puso de pie y huyó hacia los camerinos sin despedirse. Con el ego por los suelos, deduje que había escapado de mi charla insulsa. "Vieja cabrona", pensé dolido, ¿qué le costaba tenerme un poco de paciencia? ¿No comprendía mi turbación de primerizo? Minutos después, la huraña pelirroja salió a la pista con un bikini de hilo dental, y tras un golpe de platillos el animador anunció: "¡Ahora con ustedes, recién llegada de Torreón, la sensual Norma Angélica, la primera vedette sordomuda de América!".

En El Club de los Artistas no sólo había números de *strip tease*, sino una variedad completa con magos, tríos, charros cantores y cómicos albureros. En la pequeña orquesta tocaba el bajo un anciano de barba canosa que se quedaba dormido en mitad de las piezas. Era una delicia verlo roncar con un hilillo de baba en el cuello de la camisa, sin que sus compañeros advirtieran el silencio de su instrumento. Todo el elenco de la variedad parecía actuar con desgano, salvo el animador, un comediante fallido que al final de los números cachondos, cuando las vedettes mostraban el vellocino de oro, exclamaba entre jadeos de sátiro: "¡Ni modo que sea truco, ni mooodo que sea truuuco!".

En El Club de los Artistas me tocó descubrir un fenómeno cultural suscitado quizá por el éxito de Juan Gabriel: el ajotamiento nervioso de los charros cantores. Más femenino que el cisne de Ciudad Juárez, el cantante ranchero del club llevaba un traje amarillo huevo con botonadura de plata, y soportaba estoicamente las injurias de la clientela, que a duras penas lo dejaba cantar. Después vi a otros charros cantores igualmente viriles en cabarets como el Atzimba, el Sarape y el Burro, de donde infiero que los empresarios los contrataban ex profeso, para ponerse a tono con la ambigüedad sexual de la nueva era. Pero a diferencia de Juan Gabriel, cuyo estilo provocador le ha permitido domar en los palenques a los machos más recalcitrantes, al grado de hacerlos bailar como nenas, sus émulos no sabían desafiar con donaire al público masculino, y se esforzaban por adoptar maneras varoniles, fortaleciendo así la prepotencia de sus agresores.

Como la mayoría de los antros de su tipo, El Club de los Artistas cerró a mediados de los noventa. Junto con él murió toda una época del inframundo bohemio. Aquella pintoresca fauna ha sido reemplazada por la fría eficiencia industrial de los tugurios sin alma, donde la música de punchis punchis, el decorado, las ninfas narcotizadas y el público parecen fabricados en serie. Ni los charros jotos, ni los bajistas somnolientos, ni las vedettes sordomudas tienen cabida en el reino de la uniformidad.

DESHUMANIZACIÓN DEL ANTRO

Como Zavalita, el protagonista de *Conversación en La Catedral*, los juerguistas mayores de 40 años nos preguntamos con una mezcla de tristeza y coraje: ¿cuándo se jodió la vida nocturna de la Ciudad de México? El deterioro de la bohemia capitalina está directamente vinculado a la crisis económica del último cuarto de siglo, pero se aceleró en forma espeluznante a partir de los años noventa, cuando las *strip girls* desplazaron a las ficheras y los bares de *table dance* a los cabarets de burlesque. Desde entonces, una regla no escrita ha regido el funcionamiento de los giros negros: todo está permitido a los clientes, menos volver a casa con un centavo en la cartera. Aunque los dueños de los *table dance* adulteran las bebidas y están coludidos con hampones callejeros para asaltar afuera del antro a quienes no se dejaron robar adentro, la fórmula de vender simulacros de cópulas con chicas al desnudo ha resultado una mina de oro, porque el noctámbulo chilango, pretencioso y masoquista a la vez, tiene una extraña propensión a frecuentar los antros donde peor lo tratan (por algo hay tumultos en las discotecas de postín redadas para los nacos).

En apariencia, el roce sexual y la atmósfera orgiástica de los *table dance* significan un avance en materia de libertinaje, pero si ponemos en una balanza sus pros y sus contras, no cabe duda de que hemos salido perdiendo con esta reconversión industrial de los lupanares. De entrada, el *table dance* dejó sin trabajo a una infinidad de ficheras que a los 30 años ya no podían competir en la pista con las bailarinas de 20. Pero sobre todo perjudicó a los buscadores de placer enardecidos por el coito virtual, que ahora gastan el triple cuando se van de juerga y vuelven a casa con el escroto adolorido por el deseo insatisfecho. Los viejos antros eran más acogedores y menos mecanizados en su oferta de amor mercenario. Si uno se dejaba embaucar por los meseros podía perder hasta la camisa, pero el sistema de fichaje permitía a los bebedores confraternizar con las chicas del congal, y en mi caso, tomar apuntes mentales para futuras novelas. Esa ruptura del hielo ha quedado proscrita en los antros de *table dance*, donde el sistema de fricción en serie implementado por los empresarios suprime la charla del cliente con la bailarina, y hasta la invitación a sentarse en la mesa, que ahora corre por cuenta de una vendedora provista de un talonario.

Es un crimen de lesa humanidad manejar un tugurio como una tienda de autoservicio. Ni las chavas de la pasarela ni los borrachos que las manosean debieron tolerar nunca semejante atropello. En los antros de ficheras, la carne también era una mercancía, pero al menos las madrotas de la caja registradora procuraban venderla con elegancia y decoro. Cuanto más amistoso fuera el acercamiento entre el cliente y la muchacha, mayores posibilidades tenían de vender agua pintada como si fuera coñac. En los modernos desplumaderos, el preámbulo erótico ha sido reemplazado por una versión posmoderna del suplicio de Tántalo, pues, que yo sepa, el frotamiento de una mujer desnuda y un hombre vestido no deja contento a nadie, salvo a los dueños de tintorerías.

Los tugurios del México viejo no eran sólo expendios de placer, sino centros culturales de primer orden. En los años treinta, cuando la clase media se debatía entre la represión y el pecado culposo, Agustín Lara enriqueció el erotismo de las masas con un arte de amar extraído de los prostíbulos. Gracias a Lara, el mundo de la liviandad y la transgresión se infiltró en los hogares castos y abrió una válvula de escape para disfrutar vicariamente una vida más libre. A despecho de la moral familiar, en esa época el anhelo secreto de toda mujer honesta era ser amada como una "perdida". A finales de los setenta funcionaban aún cabaretuchos donde los clientes se enamoraban de las ficheras y les proponían matrimonio, como en las películas de Juan Orol, pero en los actuales supermercados de la libido, regidos por el principio de esquilmar al cliente a la mayor velocidad posible, no queda el menor campo de acción para un redentor de putas. Perdida su fuente de inspiración, los nuevos compositores de música popular se han resignado a imitar el bolero higiénico y tibio de Armando Manzanero, porque el *table dance* no les ofrece un caldo de cultivo para las pasiones intensas: todo en ellos es fraudulento, impersonal y frío. La única aportación del antro deshumanizado a la cultura mexicana es un grotesco anglicismo: teiboleras, que pone la carne de gallina a cualquier defensor del idioma.

El reciente incendio de la discoteca Lobohombo hizo recordar a la opinión pública una tragedia similar ocurrida a principios de los ochenta: la quema del cabaret Terraza Casino por parte de un cliente furioso a quien los meseros le cobraron de más. A partir de esa anécdota, Alejandro Aura escribió la exitosa comedia musical *Salón Calavera*, donde puso en evidencia las turbiedades habituales en los antros de entonces: tráfico de drogas en los camerinos, cuentas amañadas, botellas de champaña rellenas de sidra, etc. Pues bien: el sórdido tugurio que Aura describió en su brillante comedia es un paraíso de calidez humana comparado con la fúnebre estafa del *table dance*. En cualquier país civilizado, los noctámbulos ya hubieran hecho un boicot que obligara a los empresarios del ramo a cambiar sus reglas del juego: pero aquí nos enseñaron desde niños a aguantar vara, y mientras los bueyes sigan lamiendo la yunta nuestra vida nocturna seguirá en picada.

OBITUARIO NOCTÁMBULO

A mediados de los setenta, durante el difícil tránsito de la adolescencia a la juventud, cuando me dolía en el alma pasar un fin de semana sin sacarle jugo a la noche, los únicos bares y discotecas tolerados por la autoridad eran clubes privados con acceso restringido a los niños bien de las Lomas o el Pedregal. Se trataba, pues, de un paraíso vedado a los jóvenes prietos o mal vestidos. Yo pertenecía a la segunda categoría, y por mi facha de prángana, causaba una pésima impresión a los porteros del Quetzal o el Jerónimo's, que sólo admitían a los advenedizos de medio pelo, tras una súplica de rodillas, cuando llegaban disfrazados de John Travolta. Al segundo o tercer rechazo me asumí como naco y jamás volví a poner un pie en las discotecas de moda. Sin embargo, muchos amigos de mi colonia, la torturada y arribista colonia del Valle, soportaban desprecios y humillaciones con tal de colarse a la gloria por la puerta de servicio, no tanto porque desearan alternar con la casta divina o salir en las páginas de sociales, sino porque la ciudad ofrecía pocas alternativas para desfogar las ansias de reventón.

Frescas aún las heridas del 68, los gobiernos del PRI cercaban con alambre de púas los espacios de reunión juvenil para cortar de raíz posibles brotes de rebeldía. Los cafés cantantes de los sesenta habían sido clausurados bajo pretexto de combatir el tráfico de drogas, y en la UNAM, la Secretaría de Gobernación había ordenado suprimir las cafeterías de todas las facultades. Fuera del campus universitario, la represión iba dirigida, sobre todo, contra el personal macizo y rocanrolero, señalado con índice de fuego tras el festival de Avándaro. Los jipitecas y los chavos de onda sólo podían congregarse en fiestas particulares (bajo el riesgo de una redada) o en las tocadas clandestinas de los hoyos fonquis. Pero tampoco los chavos fresas escapábamos al brazo represor del Estado, a pesar de no representar ninguna amenaza para el sistema, porque según el reglamento de espectáculos entonces vigente, la autoridad sólo concedía licencias para venta de vinos y licores a bares y centros nocturnos que tocaran música viva, por una vieja canonjía otorgada al Sindicato de Músicos de Venus Rey. Como nuestra música predilecta, el funk, era grabada, sólo podíamos escucharla en fiestas de paga o en reuniones caseras, con las mamás vigilando como gárgolas a las parejitas de novios calientes.

A los 18 años, la pérdida de la inocencia, mi naciente vocación literaria, el incipiente desarrollo de una conciencia política y la tentación de morder todas las frutas prohibidas me abrieron el camino hacia una vida más libre. Para entonces ya trabajaba de redactor en Procinemex, y como tenía dinero para mis vicios, me aventuré a explorar, solo o acompañado, el único reducto de la vida nocturna a salvo de la discriminación y la represión: los democráticos tugurios de rompe y rasga. De entrada, la personalidad canallesca y a la vez seductora de los antros capitalinos (uso la palabra en su acepción antigua porque ahora designa a toda clase de bares, incluso a los más elegantes) despertó mi curiosidad por ver detrás de los bastidores y familiarizarme con su atmósfera existencial. Seducido por la turbia belleza de ese mundo réprobo, me hice el firme propósito de pertenecer a él o, por lo menos, de explorar sus entrañas desde la posición de un *insider*.

Aunque mi edad no correspondía con el perfil de la clientela, nunca me sentí un extraño entre las ficheras, los borrachines, los narcos en pequeño y los padrotes que frecuentaban esos lugares de perdición. A fin de cuentas, yo también deseaba renunciar a la decencia y a cualquier pretensión de estatus, aunque el castigo por esos delitos fuera la marginalidad o el fracaso. Quería ser un poeta maldito, o más bien jugaba a serlo, porque si hubiera llevado mi vocación hasta las últimas consecuencias me hubiera muerto de cirrosis antes de los 40, como el malogrado Parménides García Saldaña. En una crónica de la vida nocturna en tiempos de Ávila Camacho, Salvador Novo se burló de una diversión habitual entre los júniors mexicanos, el *slumming*, que consistía en visitar cabarets de mala muerte para asomarse un momento al bajo mundo prostibulario, con una mezcla de morbo y frivolidad. En el guion de *Los Caifanes*, Carlos Fuentes dejó un testimonio de ese pasatiempo esnob, que exige carteras abultadas, refinamiento y cinismo. Yo carecía de las tres cosas, pues era un empleado que trabajaba de día y estudiaba en las tardes, sin suficiente experiencia mundana para haber desarrollado lo que los dandis franceses llamaron "la nostalgia del fango". Además, mi fascinación por los giros negros no fue un capricho fugaz, sino un hechizo prolongado. Creía ingenuamente que detrás de cada marquesina con luz violeta me aguardaba una aventura intensa, un abismo irresistible, como si el subsuelo de la ciudad fuera un reino encantado lleno de tesoros y placeres por descubrir.

A medianoche, después de comidas etílicas o fiestas caseras, salía en mi Volkswagen amarillo, reducido a chatarra por los golpes y los raspones, a recorrer el Eje Central, la colonia Juárez, la Doctores o la Guerrero, en busca del edén perdido. Me detenía a tomar una copa en todos los bares y cabarets con marquesinas tentadoras, y así pude conocer infinidad de tugurios, de los que sólo conservo recuerdos dispersos. A muchos de ellos nunca volví, pero en otros casi llegué a ser parte del mobiliario, y como la mayoría ha desaparecido sin dejar huella quisiera escribirles un epitafio nostálgico, para allanar el camino a los futuros arqueólogos de nuestra vida nocturna.

La atracción por un tugurio se rige por las mismas leyes azarosas que determinan el flechazo amoroso. No siempre nos enamoramos del más animado y cachondo, sino del más entrañable, aunque tenga pocos atractivos para los demás. Uno de mis antros favoritos, el bar La Llave, era una pequeña covacha de la exglorieta de Chilpancingo, del tamaño de una accesoria, con tenue luz rojiza y manteles llenos de quemaduras, donde las meseras fungían como ficheras a solicitud de los clientes, sin acosar a los que sólo querían tomarse la copa. En La Llave había un grupo musical que tocaba los éxitos de Los Ángeles Negros (Quédate sentada donde estás / hasta el final de la canción / como si nada) y una pequeña pista de baile al lado de los baños, donde una vez tuve que echarme al suelo cuando se armó una balacera. Frecuentado, principalmente, por los burócratas de la cercana Secretaría de Agricultura, de la medianoche en adelante, cuando el grupo musical se callaba, era un sitio ideal para beber y charlar. En ciertas épocas llegué a visitarlo dos o tres veces por semana, por lo general para rematar alguna parranda. En recompensa por mi asiduidad, el capitán de meseros, don Efrén, me permitía dejarle mi reloj en prenda cuando andaba corto de lana. A principios de los ochenta clausuraron el bar con mi reloj adentro. Lo di por perdido y busqué otros abrevaderos. Meses después, cuando quitaron los sellos de clausura, La Llave reabrió sus puertas y fui uno de los primeros en volver al redil. Temía ser tratado como un extraño por los nuevos dueños del antro, pero ¡oh, sorpresa!: don Efrén me esperaba en la puerta con el reloj en la mano.

En La Llave me tocó ver algunas noches a Renato Leduc, en compañía del cómico Alejandro Suárez. Le pedí un autógrafo y me mandó al carajo. Pero la mayor parte de los parroquianos era gente sin brillo social, bebedores solitarios de la estirpe de José Alfredo (otra vez a brindar con extraños / y a llorar por los mismos dolores) o empleados que iban a meterles mano a las rollizas ficheras de minifalda escocesa. De tanto frecuentar el congal me hice amigo de las más risueñas y platicadoras. Casi todas eran madres solteras abandonadas por un amante traidor. Me mostraban con orgullo las fotos de su prole, que esgrimían como coartada para dedicarse a la vida fácil (años después, las teiboleras sin impedimenta familiar acabaron con esta noble tradición melodramática). Cuando se ponían sentimentales hablaban con nostalgia de los queridos terruños a los que volverían cuando reunieran suficientes ahorros para rehacer su vida en el seno familiar. De manera que su caída en el pantano sólo era la primera escala de un largo y tortuoso camino para recobrar la decencia. Una de las más jóvenes, Rosa Elena, había contraído el gusto por la lectura y en sus ratos libres se apartaba en un rincón a leer *El Principito*, enternecida hasta el llanto. Con una mezcla de crueldad y pedantería, yo me burlaba de su candor y la tachaba de cursi. Mis intentos por iniciarla en lecturas más corrosivas (José Revueltas, Flaubert, Dostoievski) fueron inútiles, porque lo que menos interesa a las putas, y en general a cualquier marginado, es ver reflejada en los libros la sordidez de la vida. Para eso tienen de sobra con su propia experiencia.

La fichera con la que más intimé fue Ligia, una tampiqueña de recia personalidad, alta y morena, que sabía explotar, como María Félix o Isela Vega, la proclividad del macho mexicano a feminizarse ante una mujer viril. Vestida con shorts de mezclilla, botas vaqueras, camisa a cuadros y paliacate en el cuello, Ligia combinaba la alegría con la testosterona, el carácter jacarandoso con el talante dominador. Le gustaba echar albures con los meseros, ocupando siempre el papel del macho que sodomiza verbalmente al adversario. Seguramente era lesbiana y no se molestaba en ocultarlo, pues con ello excitaba las fantasías eróticas de su clientela.

La conocí en el bar La Llave a finales de los setenta, pero luego se cambió a Los Arcos, un lupanar de la avenida Nuevo León, más delincuencial y siniestro, en el que yo recalaba a las 3 o 4 de la madrugada, después de mis largas borracheras en casa de Carlos Olmos. En la planta alta de Los Arcos había una salita con paredes revestidas de madera, donde Ligia y yo subíamos a beber la copa, para escapar de los grupos musicales norteños de la planta baja. Una noche, mientras Ligia me contaba sus desventuras con una prima malagradecida, que se había largado de su casa con todo y televisor (la amante de turno, sin duda), me quedé encandilado viendo la pared, como es habitual entre los borrachos de pupila fija, y descubrí el rostro de un demonio dibujado en las vetas de la madera. Mostré mi hallazgo a Ligia, que se quedó atónita al reconocer la efigie de Satanás. "Ave María Purísima —se persignó—. Con razón este lugar me da miedo".

Y me contó que meses atrás, en esa misma sala, un comandante de la Judicial, molesto por un cobro abusivo, había matado a un mesero de tres balazos. En su aparatosa caída, la víctima se había recargado en el lambrín de madera, que según ella recordaba, en ese tiempo no tenía dibujada la cara de Lucifer. Al rayar el alba, cuando ya se había ido la mayoría de los clientes, mandó llamar a las demás ficheras y a los meseros para mostrarles el macabro hallazgo. Hubo un largo silencio, entrecortado por suspiros de asombro. Por iniciativa de un cantinero que había sido compadre del difunto, las muchachas encendieron veladoras, se pusieron de rodillas y rezaron un rosario por el descanso eterno de su alma. Yo no creía en lo sobrenatural, pues era marxista y ateo (es decir, un supersticioso de otra índole), pero la coincidencia me impresionó, y por respeto a las creencias de Ligia guardé compostura hasta el final del responso.

Ahora el bar Los Arcos es un aséptico restaurante de *nouvelle cuisine* con mesas tubulares, vidrios esmerilados y paredes blancas de estilo minimalista. Cuando paso por ahí me pregunto si el ánima del mesero habrá encontrado sosiego entre esos yupis incoloros, ávidos de *glamour* y estatus, que a falta de una personalidad propia han convertido la colonia Condesa en una pálida sombra del Greenwich Village.

LOS ENCANTOS DE LA CRUDA

Por culpa de un extendido prejuicio contra todas las formas del sufrimiento, nadie puede admitir que la cruda tenga algo de bueno. Temida por los alcohólicos al punto de no dejarla llegar, despreciada por quienes la ven como un síntoma de flaqueza o decrepitud, la cruda es un castigo físico y moral que ningún bebedor cree merecer, aunque haya estado insoportable en su borrachera. De ahí el inútil empeño por curárnosla con remedios caseros, que en el mejor de los casos sólo postergan la entrada en el purgatorio. Por la experiencia acumulada en mi larga carrera de bebedor, tengo cierto conocimiento del tema y creo que la humanidad ha sido injusta con la cruda, porque a pesar de sus efectos demoledores deja enseñanzas de gran valía.

Quien evita el alcohol para no padecerla elige un falso camino a la santidad, porque ningún acto de contrición purifica tanto como ella. Un crudo nunca peca de soberbio, porque el dolor le baja los humos y lo acerca a la humanidad sufriente. La cruda es una escuela de humildad, pues deja a sus víctimas en tal estado de indefensión, que no pueden ni alzarle la voz a una mosca. Si Adolfo Hitler hubiera tenido todo el tiempo la presión baja y la cabeza a punto de estallar, no habría tenido más remedio que ser tolerante y humanitario. La prensa mundial censuraba acremente los excesos alcohólicos de Boris Yeltsin, que a veces no podía bajar del avión presidencial por sus abismales crudas de vodka. Pero que yo sepa, en la cruda

Yeltsin jamás firmó una sentencia de muerte —el pulso le temblaba demasiado para coger la pluma—, ni promulgó decretos lesivos para el pueblo ruso, porque un borracho con las alas quebradas es incapaz de hacerle daño a su prójimo.

Si la cruda induce a la bondad y refrena el egoísmo, al mismo tiempo exacerba el sentido trágico de la vida. ¿Qué sería de la poesía hispanoamericana sin las crudas de Rubén Darío, que le dieron un tono angustiado y deprecativo a sus *Cantos de vida y esperanza*? Como sabemos, Rubén fue alcohólico y llegó a padecer delirios atroces en los que se veía perseguido por la cegua, un animal mitológico de Nicaragua con cabeza de loba y cuerpo de cerda. Si sólo hubiera conocido el lado placentero del alcohol, jamás habría superado la frivolidad de las *Prosas profanas*. Para fortuna de sus lectores, con la cruda adquirió "la conciencia espantable de nuestro humano cieno" y escribió los memorables nocturnos donde interroga a las tinieblas en un tono de excitación febril. No hay en lengua castellana mayor sinceridad culposa que la de Rubén cuando evoca "los azoramientos del cisne entre los charcos y el falso azul nocturno de inquerida bohemia". Con esto no quiero decir que haya escrito crudo sus conmovedores cantos de expiación. La zozobra de la cruda sólo se transforma en poesía al pasar por el tamiz de la sobriedad, pero hace falta padecerla para volver del averno con un puñado de luz.

Muchos creen que la cruda es enemiga de la creatividad, porque el trabajo intelectual exige concentración y para eso hay que tener la mente clara. Pero la imaginación es una máquina caprichosa que no siempre obedece a la voluntad. Las mejores ideas llegan del cielo en los ratos de ocio, cuando el escritor tiene la mente en blanco. En la cruda nadie puede orientar sus pensamientos hacia un fin determinado, porque el raciocinio más simple cuesta lágrimas. Pero el aturdimiento puede ser el estado ideal para la gestación de una obra, porque la mente vacía del crudo es más receptiva que la de un hombre pensante. Incapaz de reflexionar por su cuenta, el cerebro atontado por el alcohol recibe los mensajes del inconsciente que el Súper Yo bloquea cuando hacemos un esfuerzo mental sostenido. Nada como la cruda para liberar la imaginación y dejarla vagar a merced de los vientos. Un artista disciplinado puede crear obras notables a fuerza de tesón y sudor. Pero si no se desconecta de vez en cuando, si no acepta con humildad los desvaríos de la cruda, jamás alcanzará la sabiduría intuitiva que distingue al genio creador.

Aunque la multitud ajena a los placeres contemplativos nunca la utiliza como fuente de inspiración, la cruda no es un placer elitista, pues cualquiera puede comprobar sus fabulosas propiedades afrodisiacas. El reflujo de la ebriedad resta vigor al cuerpo, pero le da una lasitud voluptuosa. Me refiero, claro está, a las crudas moderadas, no a las crudas letales con hipoglucemia aguda, que sólo pueden ser remontadas con auxilio divino y suero intravenoso. Cuando la conciencia está adormecida, la libido no encuentra ningún obstáculo para gobernar el cuerpo a su antojo. Entre desfallecimientos y conatos de taquicardia, los amantes crudos cogen con tal intensidad que muchas veces llegan al éxtasis en estado de coma. Bataille definió el orgasmo como una "muerte pequeña". Se refería sin duda a los orgasmos trepidatorios de las parejas sobrepuestas a las agonías de la resaca. Por las razones expuestas compadezco a los borrachos que buscan en la bebida una euforia artificial y barata. La ebriedad no tiene atractivo en sí misma: es un mero trámite para llegar al deleitoso terror de la cruda.

IN VINO VERITAS

En respuesta a las campañas antialcohólicas, los bebedores hemos desarrollado una instintiva aversión por los abstemios, fundada en la creencia de que sólo rehúye los tragos quien tiene mucho que ocultar. Un borracho no sabe mentir —sostenemos con ardor entre botella y botella—, mientras que los sobrios empedernidos, temerosos de permitirse el menor desahogo, fermentan en el fondo del alma los rencores más turbios. Para los clientes asiduos de las cantinas, las fuerzas del bien y del mal están claramente separadas: de un lado los bohemios con corazón de oro, transparentes como un libro abierto; del otro los abstemios neurotizados por el exceso de autocontrol, que al reventar como una olla exprés apuñalan por la espalda a su mejor amigo. El mito del buen borracho, difundido hasta la saciedad en tangos, boleros y canciones rancheras, tiene su origen más remoto en el refrán latino *in vino veritas*, que algunos bebedores invocan como argumento de autoridad en las discusiones con el enemigo, para revestir su causa con el prestigio de una lengua muerta.

Comprobado desde la prehistoria en miles de bacanales, el proverbio se ha convertido en un axioma irrefutable, lo mismo en latín que en su variante española, donde los niños comparten con los beodos el monopolio de la verdad. ¿Quién no ha cometido indiscreciones al calor de las copas? ¿En cuántas novelas policiacas el detective recurre al truco de emborrachar a un personaje para sacarle alguna información? Sin duda, el alcohol es el antídoto más eficaz contra la innoble virtud social de guardar secretos. Pero que yo sepa, nadie se ha detenido a examinar la naturaleza de las verdades proferidas bajo los efectos del trago, tal vez porque la cruda no se presta demasiado para filosofar. Puesto que la ebriedad exacerba las simpatías y las fobias, ¿podemos considerar totalmente veraces los desahogos de una persona cuyo equilibrio emocional ha sido trastornado por la ingesta alcohólica? Si el vino falsea los sentimientos, ¿las verdades que arranca al bebedor no tendrán un ingrediente ficticio? ¿Por qué los arrebatos de sinceridad etílica nos parecen muchas veces, juzgados desde la cruda, un distorsionado efecto teatral?

En mis 25 años de bebedor me ha tocado decir y escuchar muchas verdades atroces. En algún momento llegué a pensar que la clave para evaluar la autenticidad de un amigo era someterlo a la prueba del psicodrama etílico: si soportaba las agresiones más hirientes sin ofenderse y yo le pagaba con la misma moneda, nuestra amistad quedaría sellada por un vínculo indestructible; de lo contrario más valía suspenderla. Propenso a idealizar la espontaneidad, pensaba que la gente sólo se conoce a fondo en momentos de exaltación y ante cualquier desacuerdo prefería entrar en discusiones ríspidas que erigir una amistad sobre la base de la mesura, aunque algunas injurias brutales me dejaran el orgullo maltrecho. Exigir una reparación moral por ellas hubiera sido una infracción al pacto de caballeros que obliga a los borrachos decentes a perdonarse las ofensas con espíritu samaritano.

Desde luego, perdí a varios amigos con esa terapia de choque, pues casi nadie está dispuesto a sacrificar el ego por una buena catarsis. No me arrepiento de haber actuado semana a semana como un desaforado personaje de Edward Albee, siempre con la provocación a flor de labio, pero al entrar en la madurez, resignado a beber con moderación por motivos de salud, comprendo que si a pesar de todo conservé unos cuantos amigos, no fue por la comunión afectiva alcanzada en las borracheras, sino porque sabían cómo era sobrio y me juzgaban con más indulgencia al comparar mis dos personalidades.

Admitir que el vino es el suero de la verdad equivale a reconocer que nuestro verdadero carácter sólo se manifiesta en las tempestades de la embriaguez. El profundo arraigo de esta certidumbre en el alma humana refleja no tanto una realidad psíquica, sino una necesidad de evasión: quizá nuestra personalidad ebria nos parece más genuina simplemente porque nos sentimos mejor en ese papel. La mayoría de los bebedores creemos ser más simpáticos, brillantes y seductores cuando tenemos copas encima que en la inhóspita vida consciente (en el caso de los tímidos, esta ilusión puede tener algún fundamento, pero se disipa como un espejismo a partir de la tercera copa). Percibida con un lente cóncavo, la verdad del vino sólo tiene un valor subjetivo, en la medida en que refleja nuestra aspiración a ser de otro modo. Sin embargo, el carácter ilusorio de esa verdad no le resta poder persuasivo. De ahí que muchos dipsómanos nos preguntemos con sincero estupor: ¿quién soy en realidad cuando bebo?

Si las drogas y el alcohol sólo pueden hacer patentes las pulsiones de agresividad o afecto que hemos reprimido, entonces la personalidad sobria sería una copia en negativo de nuestro yo profundo. Cada borrachera nos muestra los extremos de alegría y ofuscación que podríamos alcanzar si no padeciéramos ninguna restricción psicológica y ninguna coerción social, es decir, si fuéramos los tiranos de un mundo resignado a querernos y tolerarnos. Esa ilusión es tan halagüeña que necesitamos aferrarnos a ella por encima de cualquier desengaño, como el obstinado rey de José Alfredo que, a pesar de haber perdido el trono y la reina, reafirma contra toda evidencia su poder absoluto.

II

APOLOGÍA DEL PECADO

EL IMÁN DEL ANDRÓGINO

"¿Qué le verán las mujeres a Leonardo DiCaprio, si es una nena?", me comentaba hace poco un amigo al que no podría tildar de conservador, pero sí de cuadrado. Millones de machos a la antigua repiten a diario la misma queja, defraudados por la aparente devaluación de la virilidad en el mercado mundial de valores eróticos. ¿De qué nos sirvió jugar vencidas, beber a pico de botella, saber cambiar amortiguadores —se preguntan con amargura— si las mejores chavas de la discoteca siempre se van a la cama con un puñalón de arracada en la oreja?

A pesar de todas las evidencias en contra que se han acumulado desde los años sesenta, mucha gente cree que los andróginos sólo deberían gustarles a los homosexuales. Pero sucede justamente lo contrario: en la comunidad gay el tipo masculino más codiciado es el rudo varón con facha de camionero que tira las colillas en la alfombra y eructa después de tomar cerveza. Son las mujeres, sobre todo las adolescentes, las que suspiran por los jóvenes de facciones delicadas y cuerpos lánguidos. En la imaginación femenina, el viejo príncipe azul de los cuentos de hadas ha sido desplazado por un ambiguo príncipe decadente al que la mujer debe seducir para sacarlo de su indolencia. ¿Cómo explicar este giro de 180 grados en las preferencias sexuales de la mujer? ¿Los medios de comunicación han impuesto a las jovencitas modelos de belleza que deberían repugnarles, como creen la iglesia católica y una buena cantidad de machines? ¿O se trata simplemente de una fantasía erótica reprimida por mucho tiempo, que afloró a la superficie cuando la liberación femenina permitió a las mujeres asumir una actitud dominante en el juego de la seducción?

Créalo o no el Vaticano, los principales iconos de la ambigüedad sexual en la segunda mitad del siglo no siguieron un diabólico plan de mercadotecnia para corromper a las quinceañeras. En los años setenta, las estrellas del *glamrock* querían evidenciar su sexualidad heterodoxa con fines de provocación, pero ninguno de ellos esperaba causar revuelo entre el público femenino. David Bowie ha contado que le resultó muy difícil reclutar músicos para la gira promocional de su disco *Ziggy Stardust*, porque la mayoría de los rockeros ingleses eran heterosexuales y temían dañar su prestigio si salían al escenario maquillados como mujeres. Pero al darse cuenta de que Bowie tenía legiones de niñas histéricas a la salida de su camerino, pidieron rímel para pintarse los ojos y se pusieron a jotear sin temor alguno. Yo vi en concierto a Bowie cuando ya no era travesti, pero una noche en Rockotitlán me tocó sentir en carne propia el imán del andrógino cuando vi cantar con los labios pintados al excaifán Saúl Hernández, que nos gustó por igual a mi esposa y a mí.

Algo deben remover los andróginos en las capas más profundas del inconsciente para desquiciar a tal punto la química de los deseos. Los escritores que han sucumbido a sus encantos o al menos contemplaron esa posibilidad —Verlaine, Oscar Wilde, Thomas Mann, Amado Nervo, Marguerite Yourcenar metida en la piel de Adriano— apenas si han entrevisto la explicación del misterio, tal vez porque el deslumbramiento erótico (real o imaginario) les impidió hacer un ejercicio de introspección. Sin embargo, la psicología junguiana proporciona algunas claves para entender el fenómeno. Como se sabe, Jung distingue en el inconsciente una coincidencia entre dos opuestos: el componente femenino de la personalidad masculina (el ánima) y el elemento masculino en la psique de la mujer (el ánimus). El andrógino es un hombre que proyecta su ánima hacia el exterior. Cuando la mujer hace lo propio con su ánimus —cosa muy frecuente en la vida moderna— se produce un entrecruzamiento de caracteres sexuales, también llamado fantasía transferencial, donde se invierten los papeles tradicionales del cortejo amoroso: el hombre conquista a la mujer por su feminidad y ella lo seduce por su ímpetu varonil.

Tolstoi era tan buen psicólogo como Jung y esbozó la teoría de la *coincidentia oppositorum* en un memorable capítulo de *La Guerra y la paz* donde parece haber intuido los laberintos sexuales del siglo xx. Dos enamorados, Nikolai y Natasha, que hasta entonces no han podido declararse su amor, se encuentran en un baile de máscaras a las afueras de Moscú. Nikolai va disfrazado como dama de la corte, con miriñaque y peluca, la cara blanqueada con polvos de arroz. Natasha lleva un traje de húsar y se ha pintado un bigote con corcho quemado. "Una voz interior —dice Tolstoi— les aseguraba que aquel día iba a decidirse su suerte: con aquellos trajes eran totalmente distintos, pero se sentían más cercanos." Natasha saca a bailar a Nikolai, y más tarde se lo lleva a un granero. Con el ánima seducida por el atractivo viril de Natasha, Nikolai se deja quitar el vestido, y al besarla en la boca saborea con delectación su falso bigote de corcho quemado.

El predominio de la belleza andrógina en el mundo moderno sugiere que la diferenciación de los sexos ha entrado en una crisis irreversible. Pero esa crisis no debe conducir por fuerza a una degradación del amor. Si uno de los anhelos de la especie humana es unificar nuestras dos mitades y recuperar el ser total de los tiempos primigenios, el desvanecimiento de las fronteras entre los sexos puede ser una manera de conseguirlo. En su loable afín por recomponer al hombre esférico del *Banquete* platónico, los japoneses se han propuesto educar en el credo andrógino a las nuevas generaciones. Las series de dibujos animados que exportan a todo el mundo anuncian una era de identidades sexuales intercambiables. *Ranma y medio*, el programa para niños más popular de la televisión mexicana, es la historia de un karateca adolescente que al contacto con el agua tibia se vuelve mujer. Cuando es hombre, Ranma tiene novias; cuando se moja le salen ubres y lo asedian los galanes, entre ellos un viejo degenerado, Japosai, que colecciona prendas íntimas de mujer. No sé si las metamorfosis de Ranma dejarán huella en la juventud del nuevo milenio, pero veo en su proteica naturaleza un presagio del erotismo futuro y desde ahora me resigno a soportar que los novios de mi hija sean mutantes hermafroditos.

PLACER DE PEDERASTA

Para bien o para mal, la liberación femenina clausuró la época en que los hombres idealizaban a la mujer, y ahora nos encontramos en una etapa de transición, donde la igualdad de los sexos ha extinguido hasta el último vestigio de amor cortés. Los trovadores de la Edad Media, y más tarde los poetas románticos, idolatraron a la mujer con un fervor religioso, sin aspirar siquiera a obtener sus favores como recompensa. Pero las feministas del siglo XX advirtieron con razón que al ponerlas en un altar, sus devotos amantes las excluían de todas las actividades que generan prestigio, riqueza o poder. La idolatría masculina era en realidad una discriminación encubierta, porque si bien los varones endiosaban a la amada cuando querían conquistarla, en la vida real no podían tolerar sus anhelos de independencia.

Cuando la diosa cautiva, inconforme con el papel que desempeñaba en la sociedad, empezó a invadir el mundillo literario francés, Baudelaire sentenció: "Amar a una mujer inteligente es un placer de pederasta" (utilizando la palabra en su acepción de invertido sexual, no en la de corruptor de menores). Desde entonces a la fecha, y a pesar de que la inteligencia femenina subyuga eróticamente a muchos hombres cien por ciento varoniles, la eclosión de un nuevo mundo amoroso y el creciente malestar de los varones obtusos ante la competencia de la mujer en todas las esferas de la vida social han transformado en elogio el insulto de Baudelaire: el nuevo ideal femenino es una creación de la cultura gay, porque los machos recalcitrantes no quieren o no pueden apreciar los atributos "masculinos" (productividad, inteligencia, talento) de la mujer emancipada y moderna.

El más ferviente adorador de la mujer en el cine contemporáneo es sin duda Pedro Almodóvar. Se trata, claro, de un adorador fraternal, pues el director español no observa a las mujeres como objetos de deseo, sino como aliadas y cómplices. El cine de Almodóvar refleja un fenómeno social muy frecuente en los países desarrollados, cuyas repercusiones apenas empezamos a vislumbrar en el Tercer Mundo: entre las mujeres liberadas y los gays existe una admiración mutua y un grado de solidaridad difícil de encontrar en las parejas heterosexuales. Obligadas a separar el cuerpo del alma por falta de un hombre que las satisfaga en ambos sentidos, muchas mujeres inteligentes comparten la cama con un buen amante, pero sólo les abren el corazón a sus amigos homosexuales. La proliferación de confidentes enamorados de la mujer en abstracto, pero alérgicos al sexo femenino, indica que el varón utilizado como hombre-objeto o el marido encerrado en una coraza de hielo están adoleciendo de una grave carencia en su trato con las mujeres.

Es difícil idealizar a quien forma parte de nuestra realidad cotidiana. Tal vez por ello los homosexuales tienen una idea más elevada de las mujeres que los hombres obligados a pernoctar diariamente con ellas. ¿Se puede lograr una mejor comunicación con las mujeres, como la que tienen los gays, sin renunciar a poseerlas físicamente? El principal obstáculo para lograrlo es la convivencia forzada. Se supone que el matrimonio busca abolir las distancias entre los cónyuges hasta lograr una completa fusión de cuerpos y almas. Esto quizá fue posible en tiempos de Fray Luis de León, cuando la perfecta casada renunciaba a su individualidad al contraer matrimonio. Pero como la mujer moderna ya no está dispuesta a ese sacrificio —y el hombre nunca lo estuvo—, la alternativa para las parejas del futuro sería no tanto la unión libre, sino la renovada cita amorosa entre amantes libres de compromisos. Tal vez las parejas más felices de la actualidad son aquellas en que el hombre y la mujer viven separados. Preservar la independencia de los amantes no sólo ayuda a evitar la sofocante cohabitación: también garantiza que los encuentros de la pareja sean deseados y voluntarios, como sucede en cualquier amistad genuina. Hasta hace poco sólo un pequeño grupo de celebridades había adoptado este estilo de vida, pero mucha gente común empieza a darse cuenta de que la distancia estratégica es indispensable para disfrutar un amor sin coacciones.

El auge de la bisexualidad masculina y femenina en las sociedades más avanzadas quizás obedezca a la misma necesidad de distanciamiento, que paradójicamente busca unir al hombre y a la mujer de una manera más plena. No hay mejor forma de comprender a una persona del sexo opuesto que ocupar su lugar en una relación lésbica o gay. Los heterosexuales con una visión cuadrada de la existencia —sean hombres o mujeres— sólo conciben la vida conyugal en términos de dominación o sometimiento. Un bisexual tiene mejores armas para impedir que el amor se convierta en una relación de poder, pues no puede añorar una supremacía de la cual él mismo abdicó al reconocer el componente femenino de su carácter. Un mundo en que las parejas vivan distanciadas por voluntad propia y el desdoblamiento psicológico esté al alcance de todos puede parecer aberrante o utópico. Pero en materia de aberraciones, la monogamia forzada superó desde hace mucho a la heterodoxia sexual, como lo indica la reciente oleada de chistes misóginos que regocijan a los borrachines de cuello blanco. Un botón de muestra, escuchado en una cantina de Coyoacán: "¿Sabes por qué las esposas fingen orgasmos con sus maridos? Porque creen que nos importa".

Frente a esta imagen de la plenitud amorosa, cualquier depravación es un acto de higiene mental.

VIRGINIDADES RELATIVAS

En materia de virginidad, como en materia de religión, los dogmas y las herejías muchas veces provocan una coincidencia de opuestos. Entre la ortodoxia judeocristiana que ordena preservar el himen hasta el matrimonio y el radicalismo feminista que se propone acabar con ese arcaico sistema de dominación patriarcal, un amplio sector de mujeres se inclina por una solución intermedia. Me refiero a las jóvenes indecisas, ni muy mochas ni muy liberadas, que todavía no vencen el tabú de la virginidad, pero tampoco lo respetan al pie de la letra. Entre ellas destaca la frondosa Thalía, que a pesar de su vestuario provocador y sus lascivos contoneos de odalisca, ha externado repetidas veces su voluntad de llegar virgen al matrimonio. Dolidos por la abstinencia sexual de un cuerpo tan codiciado, algunos analistas políticos llegaron a proponer que Castillo Peraza incluyera la castidad de Thalía entre las victorias culturales del PAN.

Para alivio de muchos admiradores y pretendientes, a últimas fechas la rubia de fuego está suavizando su rigidez moral. Hace algunas semanas, entrevistada por *Reforma* en el Festival de Viña del Mar, declaró que la mujer de hoy "debe llegar al matrimonio lo más virgen posible". O sea, que para Thalía la virginidad ya no es una cuestión de blanco o negro, sino una exigencia social que se puede cumplir a medias, o a ratos, según el temperamento de cada mujer. Según pude constatar, la sorpresiva declaración ha entusiasmado a sus seguidores mucho

41

más que los calendarios de Gloria Trevi y Alejandra Guzmán, pues da pábulo a las fantasías eróticas más intrincadas. ¿Hasta dónde puede llegar una joven moderna que aspire a conservarse más o menos virgen? ¿Cómo medir los grados de virginidad? ¿En qué momento se vuelve imposible defender el himen, y por lo tanto está permitido ofrendarlo a Venus?

En honor de la verdad, Thalía no es la primera mujer que se las ingenia para contravenir el dogma de la virginidad absoluta, sin poner en peligro su reputación de doncella. La imaginación humana ha sido pródiga en subterfugios para justificar o ennoblecer la pérdida del himen, o cuando menos, para mitigar el estigma de las jóvenes desfloradas. El más popular y socorrido por los bohemios es atribuir a las prostitutas una virginidad espiritual que las redime de su caída en el fango: "Virgen de medianoche, cubre tu desnudez", cantaba Bienvenido Granda. Pero la intolerancia católica no sólo ha engendrado el romanticismo defensivo de los boleristas, sino una parodia de la virtud que consiste en compensar la clausura de la vagina con la entrega incondicional de la boca y el ano. En la aristocracia francesa del siglo XVIII, que llevó la hipocresía a una perfección sobrecogedora, ninguna señorita podía ser desvirgada antes de casarse, porque los nobles necesitaban garantizar la paternidad de sus hijos. Pero como el código nobiliario no prohibía expresamente los placeres de Sodoma, desde su más tierna edad las niñas casaderas y sus amantes de cabecera aprovechaban al máximo ese vacío legal.

En otros casos, el acotamiento de la virginidad funciona como un subterfugio moral para manchar el cuerpo sin comprometer la pureza del alma. Las prostitutas "de la cintura para abajo" que no se dejan tocar los senos en el momento del coito, con el argumento de que "ahí nomás mi viejo", necesitan inventarse un reducto de castidad para mitigar sus conflictos de culpa. Lo que en las libertinas de Versalles era una transacción cínica, en ellas es una compensación psicológica. El abad de Brantôme observó un comportamiento similar en las damas galantes del Renacimiento: "Las mujeres adúlteras son más escrupulosas de lo que se piensa —escribió—. Conocí a una bella señora que no permitía a su amante besarla en la boca, alegando que su boca había hecho un juramento de fidelidad al marido, pero como, en cambio, la boca de la entrepierna no había hablado ni prometido nada, con ella podía obrar a gusto".

Tanto en la antigüedad como en nuestros días, la virginidad relativa ha sido una tabla de salvación para limpiar reputaciones o aplacar los remordimientos de las pecadoras empedernidas. Su persistencia histórica demuestra que la moral represora no es fácil de vencer, pues el alma siempre va a la zaga de las audacias corporales y trata de suplir las cadenas físicas con grilletes imaginarios. Pero condenar estas componendas psicológicas en nombre de la liberación sexual equivaldría a establecer una intolerancia de signo contrario. Según Bataille, el día que desaparezcan las prohibiciones, también morirá el erotismo. Probablemente el sexo se volvería un desahogo mecánico si los escrúpulos y las culpas desaparecieran de la noche a la mañana por arte de magia. Las vírgenes relativas no contribuyen a erradicar el machismo, pero su castidad parcial es preferible al destino trágico de las vírgenes absolutas. La irrisión que provoca su moral acomodaticia no les quita el mérito de haber escogido el tipo de virginidad que más les conviene.

HONOR A LA ESPAÑOLA

La época en que los hidalgos celosos castigaban con sangre los deslices de sus esposas parece haber quedado muy lejos, pero el hábito de fiscalizar los placeres del cuerpo no ha desaparecido, ni en España ni en América Latina, porque la cultura permisiva y la emancipación de la mujer han dejado incólume la herencia más nefasta del antiguo código de honor: la importancia de la conducta sexual como fuente de honorabilidad o descrédito público. En tiempos de Calderón de la Barca, los nobles y los villanos honrados tenían que defender con la espada el virgo de las mujeres sometidas a su tutela (hijas, hermanas, prometidas) y, por si fuera poco, mantenerlas a salvo de la calumnia, pues la honra empañada infamaba tanto como la honra perdida. El menor descuido de una dama dejaba una mancha indeleble en la reputación familiar, porque en un país de hidalgos empobrecidos se había vuelto costumbre de pícaros tener hijas amancebadas con el rico del pueblo o consentir las infidelidades de la esposa a cambio de favores económicos. Por eso, en el teatro calderoniano basta que un galán irrumpa en el aposento de su amada para causarle un daño irreparable, así observe la entrevista una dama de compañía. Se supone que el secreto engendra la sordidez, pero en los dramas de honor ocurre lo contrario: el escrutinio público enturbia el amor al convertir la intimidad en teatro fiscalizado.

Desde entonces, las costumbres han dado un giro de 180 grados y ahora los duelos a muerte por un himen bajo sospecha son una curiosidad arqueológica. Sin embargo, en la era del *Big brother* y los *talk-shows*, la exigencia social de vivir expuesto en una vitrina vuelve a restringir la libertad del individuo y, por lo tanto, está surgiendo un concepto del honor adecuado a las circunstancias de una sociedad exhibicionista. Hoy en día, España es uno de los países más hedonistas y liberales del mundo, pero las premisas del teatro calderoniano siguen vigentes, porque los españoles se liberaron de todo, menos de su esclavitud a la opinión ajena. En España es una cuestión de honor tener un piso propio en la playa, renovar el guardarropa cuando lo ordenan los publicistas del Corte Inglés, rentar un cortijo en la primera comunión de los niños para no quedarse atrás de los vecinos, y en ese ambiente competitivo, donde cualquier ventaja sobre los demás debe quedar a la vista del mundo, la ostentación de hazañas sexuales tiene igual o mayor importancia que los signos de estatus.

La jactancia erótica fue desde siempre un atributo del donjuán español, y hay toda una literatura consagrada a desmenuzar ese rasgo de su carácter. La novedad es que ahora las españolas tienen la misma libertad para airear sus bragas en público, ya se trate de modelos, actrices, condesas o simples amas de casa, pues cualquier desconocida puede aportar algo a la industria del chismorreo. El mundo de la cultura y el arte no ha podido sustraerse a esta fiebre confesional, ni siquiera en una ocasión tan solemne como el entierro de Camilo José Cela, donde su viuda, Marina Castaño, por iniciativa propia y sin venir a cuento, declaró a *El País*: "Camilo era el mejor amante del mundo".

Cuando leí esa declaración me sorprendió que, en medio de su pena, la viuda de Cela estuviera de humor para hacer confesiones picantes. Ni tardos ni perezosos, los cronistas de sociales se apresuraron a conjeturar que doña Marina, casada a los 30 años con un octogenario, develó ese aspecto de su intimidad para desmentir a los murmuradores que le imputaban un matrimonio por interés. Las revelaciones no pedidas suelen producir en la opinión pública un efecto contrario al esperado por el divulgador indiscreto. Pero lo interesante del caso no es averiguar si el público le creyó o no a la señora Castaño, sino elucidar por qué una mujer a quien supongo inteligente y culta se sintió obligada a justificar su gerontofilia bajo la presión de las cámaras. Por lo visto, entre los famosos de España, ya sean astros verdaderos o satélites sin luz propia, tener una vida sexual sosegada o dar esa impresión acarrea una deshonra de tal magnitud, que los agraviados por la maledicencia no pueden desaprovechar ningún foro para refutarla, así se trate de un funeral. Si las doncellas del teatro calderoniano tenían la obligación de ser y parecer virtuosas, sus contrapartes del siglo XXI necesitan pregonar sus orgasmos con altavoces, pues en ello les va la dignidad y la honra.

Cuando un estigma pesa sobre determinada práctica o preferencia sexual, asumirla en público puede ser un acto de valor civil, pues quien revela sus vicios privados se expone a la deshonra pública, por lo menos ante un sector de la sociedad. Si el rey Juan Carlos confesara en ¡Hola! una disfunción eréctil, sus revelaciones tal vez provocarían una catarsis colectiva muy saludable. Pero en la mayor parte de las confesiones sexuales públicas (no sólo en España, sino en todo el mundo) los entrevistados se limitan a referir los lances de alcoba que les pueden granjear prestigio social, jamás una aventura bochornosa o una transgresión culpable. Desde luego, no basta ufanarse de ser un donjuán o una mesalina para que la gente lo crea, pues los nuevos códigos de honor funcionan como los antiguos, es decir, con inquisidores que husmean la intimidad del prójimo para otorgar diplomas de lubricidad. La modernidad no vencerá a la moral de las apariencias ni habrá una verdadera liberación sexual mientras tanta gente "liberada" crea que los placeres de la carne quitan o dan honor.

VAMPIRESOS

Gracias a los recientes melodramas inspirados en la vida de Oscar Wilde y en la cruenta pasión de Verlaine y Rimbaud, el equivalente masculino de la *femme fatale* empieza a conquistar un sitio de honor en la galería de los villanos fílmicos. La tradicional destructora de hogares ya no tiene el monopolio de la maldad orientada contra la familia. Ahora lo comparte con su hermano gemelo: el efebo cruel y ambicioso, adicto a los paraísos artificiales, que emplea su perverso encanto para arruinar la vida de un hombre casado, por el simple gusto de verlo morder el polvo. Como el nuevo monstruo apenas se está dando a conocer en el cine industrial, la crítica todavía no lo ha bautizado, pero a imitación de Pablo Neruda, que llamó "poetisos" a los contemporáneos, lo podríamos llamar "vampireso", para honrar al arquetipo que le dio origen.

A pesar de su avidez de riquezas, el vampireso no es exactamente un chichifo (así se llama a los prostitutos masculinos en la comunidad gay, y no "chichinflas", como creen los rockeros de Café Tacuba, que tergiversaron la letra de "Chilanga banda", la estupenda canción de mi amigo Jaime López). El chichifo nunca llega muy lejos en la escala social, porque es débil de carácter y se enamora de sus amantes. El vampireso jamás permite que los sentimientos interfieran con su trabajo. Demasiado abyecto para creer en el amor, no se conforma con exprimir a sus víctimas: necesita quitarles el honor y la dignidad, como las grandes devoradoras de hombres que interpretaron María Félix y Ninón Sevilla. Atraído por el brillo del genio, un brillo que en el fondo aborrece, tiene una marcada predilección por los artistas famosos (en eso se distingue de la vampiresa, mucho más inclinada hacia los banqueros), pero en el pecado lleva la penitencia, porque la celebridad de sus amantes lo obliga a ocupar una posición subordinada en la relación de pareja, tormento insoportable para su ego. Cuando esa envidia alcanza grados patológicos, el vampireso puede llegar hasta el crimen, como al parecer ocurrió en el caso de Keneth Halliwell, el aspirante a escritor que en 1967 asesinó en Tánger al dramaturgo inglés Joe Orton. Pero la experiencia de amar a un monstruo compensa con creces los sufrimientos del artista martirizado, porque le abre grandes horizontes para comprender la condición humana. Como musa trágica, el vampireso no tiene rival. Bossie fue un canalla, es cierto, pero el *De profundis* no existiría si hubiera querido a Wilde como un perrito faldero.

Los productores de Hollywood siempre llegan tarde a las perversiones, pero cuando encuentran un filón melodramático lo explotan a fondo. Si el tema del paterfamilias destrozado por su joven amante les reditúa, podrían llenar las pantallas con historias de vampiresos, pues han existido en todas las civilizaciones donde el hombre ha sido reducido (o elevado) a la categoría de objeto sexual. En los *Diálogos* de Platón, algunas indirectas de Alcibíades permiten suponer que trataba a Sócrates como un chulo castigador. ¿Por qué no hacer esa película con Anthony Hopkins en el papel del filósofo? Catulo nos dejó admirables retratos de vampiresos. Le bastaba una pincelada para describir la doblez de un amante, como cuando reprocha a Juvencio que se limpie la saliva de la boca después de haberlo besado. Pero Catulo también amaba a las mujeres, sobre todo a la pérfida Lesbia, que lo mataba de celos, y podemos suponer que los desvíos de sus novios ocasionales no le causaban tan graves quebrantos. Tampoco cargaba encima el peso abrumador de la moral judeocristiana, de ahí el tono de comedia que predomina en sus *Cármenes*.

El vampireso sólo puede causar verdaderos estragos en una civilización erigida sobre el sentimiento de culpa, donde cualquier amor heterodoxo recibe una fulminante condena social. En épocas de fuerte mojigatería, los enemigos de la moral pública aparecen como terroristas a los ojos de la masa oprimida, pero no siempre provocan rechazo: también despiertan admiración y envidia. Tomando en cuenta que los vampiresos más célebres de la historia —Rimbaud y lord Alfred Douglas— surgieron en plena época victoriana, cuando la familia ejercía un poder tiránico sobre el individuo, hay fundamento para sospechar que su conducta reflejaba un soterrado anhelo colectivo. Por supuesto, la sociedad tenía que satanizarlos, mientras exculpaba a Wilde y Verlaine, cuyo arrepentimiento transfirió a sus jóvenes corruptores la responsabilidad por la transgresión cometida. Para el público de la época, el viejo drama de la inteligencia sometida a los apetitos bestiales del cuerpo era más fácil de digerir que una sórdida historia de sodomitas. Cuanto más luciferinos fueran los vampiresos, mejor se autoflagelaba la gente identificada con ellos.

Para reflejar el espíritu de nuestra época, el conflicto del genio pervertido y el vampireso pervertidor ha tenido que dar un giro de 180 grados. Como Wilde, Verlaine y Joe Orton, el pintor Francis Bacon también sucumbió a los encantos de un vampireso, el boxeador y raterillo George Dyer. Pero en *El amor es el diablo*, la extraordinaria biografía fílmica de Bacon, los papeles se invierten y el artista renombrado aparece como verdugo de su rústico amante. La retorcida inteligencia de Bacon deshumaniza progresivamente al objeto de su pasión, en una paulatina demolición psicológica similar a las distorsiones grotescas de sus retratos. Orillado a las drogas por la crueldad mental del pintor, finalmente Dyer se suicida con pastillas en un cuarto de hotel, mientras Bacon inaugura una retrospectiva de su pintura en el centro Georges Pompidou. El ejemplo de

Dyer sugiere que en una época de neurosis y embotamiento afectivo, donde el amor degenera con facilidad en una relación de poder, el vampireso necesita volverse más duro y canalla si quiere seguir inspirando respeto.

EL CLUB DE LA LLAMADA OBSCENA

Hasta hace poco, la censura oficial en televisión imponía preceptos de moralidad similares a las viejas medidas de proteccionismo económico. Si los secretarios de Hacienda anteriores a la era neoliberal protegían a la industria mexicana de la competencia extranjera, la Secretaría de Gobernación toleraba que se hablara de homosexualidad, lesbianismo, incesto o drogadicción en las series importadas de Estados Unidos, pero no en las producciones domésticas. Gracias a la tutela de la Iglesia católica, ejercida subrepticiamente a través de Gobernación, el México reflejado en la pantalla chica era un islote de virtud en medio del libertinaje mundial. Sólo estaba permitido asomarse con morbo a la depravación extranjera, no así a la mexicana, tal vez porque un tratamiento realista de nuestra vida sexual y amorosa hubiera demostrado que a pesar del culto guadalupano, la temida modernidad ya estaba presente en nuestras alcobas.

A mediados de los ochenta trabajé con el dramaturgo Carlos Olmos y el director Carlos Téllez en el argumento de una telenovela inspirada en series como *Dallas* y *Falcon Crest*, que por esos años tenían hechizado al auditorio mundial. Enviando la libertad con que trabajaban los guionistas del Primer Mundo, queríamos narrar sin velos de pudor los conflictos de una opulenta familia criolla enfrentada en guerra campal por la disputa de una herencia. Entre los personajes había una millonaria cleptómana, un júnior bisexual que amaba con la misma pasión a su novio y a su mujer, y una cincuentona que salía por las noches a ligar adolescentes en la Zona Rosa. Terminada la sinopsis enviamos una copia a los censores de Gobernación, que reprobaron la historia de cabo a rabo. En una comida a la que asistieron el entonces director de Televisión de RTC y el supervisor literario de Televisa (Luis Reyes de la Maza), Carlos Téllez argumentó que las series filmadas de Estados Unidos eran más audaces y pasaban sin problemas por Canal 5. "Es verdad —reconoció el funcionario—, pero la suya transcurre en México, y en ese caso aplicamos otro criterio."

A partir de *Nada personal*, el equipo de Producciones Argos parece haber abierto un espacio de libertad para tratar temas políticos en las telenovelas. Su aliento renovador infunde esperanzas a todos los que deseamos una televisión más libre y creativa. Por desgracia, el país no ha podido sacudirse del todo la moral proteccionista, pues en otros campos del entretenimiento donde cabría esperar una apertura total prevalece la idea de que las innovaciones audaces sólo pueden venir de la Babilonia yanqui. Hasta la fecha, la gran mayoría de las *hot lines* que funcionan en el D. F. son operadas desde Los Ángeles o Miami, como si en México nos faltara ingenio para las frases cachondas. El monopolio extranjero del erotismo auditivo está poniendo en peligro la identidad nacional, pues un país que no desarrolla su lenguaje procaz tarde o temprano se deja colonizar por el pueblo que lo calienta. Los cubanos residentes en Estados Unidos no se distinguen por su buen español. ¿Hasta cuándo vamos a depender de ellos para obtener una excitación que podemos alcanzar a precio más bajo sin contribuir a la ruina de nuestro idioma? Ya existen empresas nacionales dedicadas a endulzar los oídos de los solitarios, pero son pocas y tienen tanta demanda que uno prefiere llamar por lada al quinto infierno que morirse de hastío esperando línea. Si en verdad hemos superado el complejo de inferioridad que nos impedía competir al tú por tú con las grandes potencias del mundo degenerado, podríamos aprovechar ese impulso para crear una agrupación de telefonistas anónimos, integrada por hombres y mujeres con vocación de servicio que se faltarían mutuamente al respeto sin cobrar un centavo. Por cada llamada que hicieran, cuanto más obscena mejor, los afiliados tendrían derecho a recibir el telefonazo de una compañera o compañero elegido al azar, que procuraría mantener el mismo nivel de procacidad, para garantizar la excitación de su escucha.

Antes de poner en marcha la asociación, la mesa directiva tendría que resolver algunos problemas logísticos. Probablemente será necesario hacer donativos para instalar un conmutador con cientos de líneas, pero valdría la pena cualquier sacrificio con tal de sacudirnos el yugo de las compañías extranjeras que se enriquecen a costa de nuestra libido. He hablado de este proyecto con miembros prominentes de la sociedad civil, y el único riesgo que le han encontrado es la posibilidad de que algún miembro del club identifique al otro lado de la línea la voz de un tío o una hermana. Pero lo que ellos consideran una desventaja probablemente sea un atractivo especial de la red. Ahorremos a los onanistas del mañana los cuentones telefónicos que nosotros hemos pagado. Ya es tiempo de romper ataduras y pensar en el país que le dejaremos a nuestros hijos.

ORGÍAS FUTBOLERAS

La celebración de un gol es tan necesaria como el cigarro posterior al orgasmo y forma parte del espectáculo por el que la gente llena estadios en todo el mundo. Cuanto más explosiva y original sea, mayor satisfacción obtiene el espectador identificado con el autor del gol. Toda celebración tiende al exceso teatral, pues el gol provoca una catarsis tan intensa que ningún anotador puede controlar su euforia ni la duración del festejo. Casi nunca una celebración es injustificada, porque a diferencia de los actores, los futbolistas no saben falsear sus emociones: los goles de un partido amistoso nunca se festejan igual que los de una final, ni un equipo que va perdiendo cuatro a cero se alegra demasiado por meter el gol de la honrilla.

Para conservar el sentido lúdico del futbol, la celebración de los goles debe ser espontánea y libre, porque en ella aflora el temperamento de los jugadores. Como era natural en un acróbata del área, Hugo Sánchez firmaba sus goles con volteretas, mientras que un *hooligan* prepotente como Paul Gascoing ha llevado a las canchas el lenguaje manual de Roque Villanueva. Los brasileños son especialistas en celebraciones cursis, como las del Mundial 94, cuando Bebeto y Romario acunaban en sus brazos a un bebé invisible. De la ternura paternal pasan con facilidad al trance místico y a veces festejan sus goles de ensueño rezando de rodillas, como corresponde a un país donde el futbol es una religión. En cambio, las celebraciones infantiles del Gusano Nápoles y el Fantasma Figueroa sitúan el futbol en un plano menos trascendente, pues enfrían al fanático ciego de pasión, recordándole que la guerra deportiva sólo es un juego de niños.

Por desgracia para el futbol, en los últimos años la FIFA se ha dedicado a reprimir la celebración de los goles, con el pretexto de que los festejos excesivos afectan la continuidad del juego. En otros países los árbitros han ignorado sabiamente esta regla, pero en México la aplican con un rigor draconiano. En el reciente torneo de liguilla, Ricardo Peláez y Antonio Mohammed recibieron amonestaciones por treparse a la malla de alambre para festejar goles importantes con la porra de sus equipos. Al parecer, los árbitros quieren que los jugadores de futbol reaccionen como ajedrecistas al meter un gol. Si de veras quieren evitar las pérdidas de tiempo, ¿por qué no paran el reloj y dejan que el goleador festeje a sus anchas? Así ocurre en el futbol americano, donde no existen limitaciones para festejar un *touchdown* y los jugadores negros dan un espectáculo adicional con sus danzas celebratorias.

La prohibición de celebrar eufóricamente los goles es tan absurda que sin duda oculta una segunda intención. A la FIFA no le preocupa el factor tiempo: lo que busca es impedir las demostraciones de afecto entre jugadores. Desde hace tiempo, los machistas más recalcitrantes y los mojigatos que transforman sus deseos frustrados en anatemas han expresado su alarma por las caricias y los abrazos entre futbolistas. En *Escenas de pudor y liviandad*, Carlos Monsiváis recogió una hilarante entrevista con el psiquiatra Bernardo Vargas, antiguo psicólogo del Pachuca, que declaraba sin temor al ridículo: "Ahí tiene usted todas esas costumbres de ciertos deportistas: si se mete gol, nalgadas; si se anotó un punto extra, nalgada. ¿Por qué no un apretón de manos, como en el beisbol? Yo lo veía en el Pachuca: Moacyr, Juracy, todos esos se agarraban las nalgas que daba gusto. Son puros homosexuales, se lo puedo asegurar".

Hay fuertes motivos para creer que las alarmas del doctor Vargas son compartidas por los directivos del futbol mundial, pues la regla contra los festejos escandalosos pretende reducirlos a un aséptico apretón de manos. La prohibición de la FIFA forma parte de una escalada represiva cuyo principal exponente es Daniel Pasarella, el actual entrenador de la selección argentina, que discrimina a los jugadores melenudos y obliga a los seleccionados a festejar sus goles a pechazos, como si fueran soldados de Mussolini. En buena medida, el beso en la boca que hace una semana se dieron Maradona y Caniggia en un juego del Boca Juniors fue una protesta contra el clima de intolerancia que predomina en el futbol argentino. Es muy significativo que los autores de la protesta hayan sido dos astros del balompié, pues ellos son los más afectados por la militarización del juego. Maradona demostró al mundo que la magia del futbol surge cuando el jugador alcanza una total desinhibición. En sus años de gloria desquició los sistemas defensivos del futbol europeo, porque nunca se cohibía al intentar una jugada genial. ¿Quién le puede negar el derecho a festejar sus goles con la misma libertad? Al introducir en el futbol un moralismo pacato se corre el riesgo de convertirlo en un juego mecánico, porque nadie puede controlar sus emociones en un momento de clímax y un buen partido aspira siempre a la condición de orgía. Si la FIFA no permite festejar los goles con desmesura, dentro de poco en las canchas no habrá nada que festejar.

PRIMER DESFILE DE LOCAS

La historia da tantas vueltas en círculo, que a veces los enemigos de la libertad resultan sus precursores involuntarios. Cuando una tradición resucita siglos después de muerta, puede volverse en contra de las instituciones que la engendraron, sobre todo si se trata de una fiesta popular con potencial subversivo. Entonces los creadores de la tradición, horrorizados por haberle dado armas al enemigo, se apresuran a fingir amnesia para negar su paternidad. Así ha reaccionado la Iglesia ante un fenómeno contemporáneo con raíces muy antiguas: los desfiles de hombres afeminados. Desde finales de los setenta, cuando empezó a celebrarse en México la Marcha del Orgullo Gay, la Iglesia católica y su principal cuerpo de elite, la Compañía de Jesús, han lanzado feroces anatemas contra los manifestantes, como si salir a la calle vestido de mujer fuera una grave ofensa al Señor. Pero un vistazo a los fastos religiosos del virreinato permite comprobar que, en materia de travestismo, los jesuitas de antaño tuvieron una posición más tolerante y alivianada. De hecho, se les puede considerar pioneros de la jotería callejera, pues ellos organizaron el primer desfile de locas celebrado en nuestra ciudad.

La crónica del histórico desfile forma parte del *Festivo aparato por la canonización de San Francisco de Borja*, un opúsculo publicado en 1672, donde un redactor anónimo de la Compañía describe las máscaras graves y las máscaras facetas (burlonas) que salieron a las calles para celebrar la canonización del santo jesuita, como preámbulo al certamen poético convocado por el Colegio de San Pedro y San Pablo. El jueves 11 de febrero a las tres de la tarde, cuando repicaron las campanas del colegio, los bachilleres salieron a la calle disfrazados de locas, con pelucas grotescas y toscos sayales de jerga, como los que vestían las reclusas del Hospital del Divino Salvador para Mujeres Dementes. "Ganó la vanguardia una turbamulta de atabaleras, que según las señas, tenían algo y aun algos de locas, que se habían soltado del célebre hospital donde se curan con jarabes de rebenques los males de cabeza. Todas llevaban rótulos a la espalda. El de la atabalera que iba pasando su vida a tragos, empinando a trechos la bota, era éste: LA DEVOTA. El de la que retrataba la misma senectud decía: LA NIÑONA; en el de la más fea decía: LA LINDA, y en el de la más abobada: LA DISCRETA."

La procesión de locas causaba enorme hilaridad en el público, que les lanzaba requiebros y silbidos. Hacer escarnio de la locura femenina se consideraba, por lo visto, una travesura inocente, pues en aquella época piadosa y devota nadie compadecía a los enfermos mentales, sobre quienes recaía la sospecha de estar poseídos por el demonio. Pero más que denigrar a las locas, los participantes en el desfile parecen envidiar su desparpajo, su libertad para soltarse el pelo sin temor a ninguna sanción social. El desfile les brindaba una gran oportunidad para mandar al diablo los apretados corsés de la normalidad. Y como en los manicomios también había mujeres de alcurnia, algunos de los bachilleres travestis podían darse el gusto de llevar primorosos vestidos: "Inmediatas a las atabaleras se descubrían dos singulares locas de más estofa, como se notaba en el promontorio y pliegues de los guardainfantes. Sobresalían mucho los desgonzados aunque cuidadosos quiebres de la cintura, los afectados melindres con los que bromeaban las alas del abanico y la puntual cortesanía de las reverencias. Procuraron algunos averiguarles la edad, y en el cómputo más escrupuloso, se resolvió que, según su arrugada y horrible catadura, cada una de las niñas cargaba con ochenta cuaresmas".

Al parecer, las atabaleras de la vanguardia y los vejestorios de la segunda fila eran el equivalente de las modernas *drag queens*, es decir, travestis cómicos, exagerados hasta la caricatura. Pero en una sociedad como la novohispana, donde la moral de las prohibiciones incitaba a la transgresión, no podía faltar un andrógino hermoso y provocador, con una feminidad natural que debió de moverle el piso a más de un canónigo: "Tuvo los mayores aplausos otra loquilla de pocos años y de tan buen gusto como gesto; ésta, galanamente afeitada y ricamente vestida, ahorró totalmente de la mascarilla común, engañando a todos con la misma verdad de la cara lavada. Era extraño lo mesurado de su rostro en las cortesías y tan singular su gravedad, que no faltó quien le diese el voto para reina de Calvatrueno".

De modo que si algunos bachilleres jugaban en broma a ser mujeres, otros jugaban en serio, ante la sorprendente complacencia de sus tutores jesuitas. Por supuesto, la tolerancia del travestismo en los desfiles y en el teatro no significaba que la Iglesia aprobara el vicio nefando cuando pasaba de la simulación a los hechos. Por las investigaciones de la historiadora Asunción Lavrin sabemos que en 1658 el Santo Oficio mandó a la hoguera a 14 "sométicos" (apócope de sodomíticos), como resultado de una pesquisa inquisitorial que descubrió una red de más de 120 homosexuales diseminados por todo el reino. Cuando se trataba de castigar la homosexualidad entre religiosos, la Iglesia era un poco más benigna y, sobre todo, más discreta. Según Antonio Rubial, en la comunidad carmelita "el pecado de sodomía era castigado sólo ante los capitulares, quemando estopas sobre la espalda desnuda del inculpado".[1] Pero a pesar de estas penas atroces, la existencia de tabernas donde se ejercía la prostitución masculina en los barrios de mala nota deja entrever que la sociedad novohispana toleraba

---

[1] Los trabajos de Rubial y Lavrin se pueden consultar en *Historia de la vida cotidiana en México*, México, FCE/Colmex, vol. II, 2005.

hasta cierto punto la homosexualidad. Seguramente esas tabernas podían funcionar porque muchos caballeros de noble linaje les daban protección desde la sombra. ¿Quiénes eran y cómo lograban ocultarse? Hay aquí un filón de oro para quien se decida a escribir la novela gay del México colonial.

Entre burlas y veras, los desfiles coloniales de travestis no sólo contribuyeron a animar festividades que de otro modo hubieran sido demasiado solemnes, sino a perfilar la identidad del movimiento gay contemporáneo. ¿Será una coincidencia que hoy se llame locas a los homosexuales más notorios, o ese nombre proviene de las máscaras facetas donde la juventud estudiosa parodiaba a las mujeres dementes? Es muy probable que antes y después de 1672 se hayan celebrado desfiles similares, no sólo en México, sino en España, donde seguramente comenzó el juego. Pero en España nunca se les ha llamado locas a los homosexuales, y quizá por eso ni María Moliner ni la Real Academia dan ninguna noticia sobre este particular en sus diccionarios etnocentristas. Tampoco sirve de nada consultar el pésimo y anticuado *Diccionario de mexicanismos* de Santamaría, donde ni siquiera figura esta acepción de la palabra, a pesar de ser ampliamente usada en nuestro país. Que yo sepa, ningún filólogo serio se ha ocupado de este asunto. Pero cuando los especialistas callan, los legos podemos hacer conjeturas: como en la antigüedad, bajo la tutela del clero, era preciso fingir demencia para jotear en las calles, las locas mexicanas y las *folles* francesas quizá tengan un mismo origen etimológico que se remonta a los carnavales de la Edad Media.

TERCERMUNDISMO ERÓTICO

Desde tiempos de la conquista, cuando los teúles impusieron a las indias un régimen de servidumbre sexual, que algunas de ellas aceptaron con entusiasmo, el proceso de mestizaje dejó una herida tan honda en el alma de los vencidos, que después de 400 años todavía provoca deseos de venganza. Por un viejo atavismo tribal, los guerreros de un pueblo agraviado en su orgullo viril sólo pueden recobrar la dignidad al procrear con las mujeres de la nación enemiga. Como ha observado Enrique Krauze en *Siglo de caudillos*, en México la reparación del honor nacional se inicia en forma simbólica cuando Benito Juárez contrae matrimonio con la criolla oaxaqueña Margarita Maza.

Pero una golondrina no hace verano, y aunque de entonces para acá los matrimonios de hombre cobrizo con mujer rubia ya no sorprenden a nadie, la desigualdad social tiende a frenar el proceso de mestizaje o a convertirlo en un acto de autodesprecio, pues el indio o el mestizo que se siente inferior a los criollos muchas veces pretende "mejorar la especie", al casarse con una güerita. Por consecuencia, en el mercado de esposas y maridos, las criollas de ojos azules son el premio mayor de la lotería, mientras los rubios de modesta condición tienen allanado el camino para dar un buen braguetazo, por la abundancia de malinches que anhelan tener un bebé con bucles dorados.

Si el mexicano, por su falta de autoestima o por simple atracción sexual, no ha dejado de rendir pleitesía a la raza

61

española, a partir de los años cincuenta, con la industrialización del país y el crecimiento de las clases medias, orienta su complejo de inferioridad hacia Estados Unidos, pues ahora le obsesionan las hembras doradas del Norte. La sobrestimación de las gringas muchas veces encubre un deseo de acceder a la modernidad a través de la cama, como si acostarse con ellas redimiera al macho nacional de su condición provinciana y tercermundista. Esta solapada aspiración aparece con distintos disfraces en la obra de los novelistas contemporáneos que le han tomado el pulso a la sociedad mexicana, si bien algunos la consideran justa y otros un deplorable vestigio de nuestra mentalidad colonial.

Para Carlos Fuentes, que se ha ocupado del tema en *Gringo viejo* y *La frontera de cristal*, la proverbial inclinación de la mujer norteamericana por los ejemplares más viriles de nuestra raza demuestra el carácter ilusorio de las fronteras entre México y Estados Unidos. Fuentes insiste en presentar gringas enamoradas de mexicanos —y no mexicanas enamoradas de gringos—, porque ante todo le interesa combatir el orgullo machista y racista de los *rednecks*. Pero en sus novelas los personajes son figuras alegóricas o entidades abstractas al servicio de un discurso igualitario que ignora la complejidad de las personas concretas. Más fieles a la realidad que a sus buenos deseos, José Agustín y Ricardo Garibay han enfocado el conflicto desde un ángulo menos complaciente, que refleja la tensión entre la inseguridad patológica del mexicano y sus tentativas por romper con las ataduras del subdesarrollo.

Un acierto de *Se está haciendo tarde* que la crítica no ha valorado lo suficiente es la urdimbre subterránea de una relación de poder entre los mexicanos y las gringas, donde Rafael y Virgilio se resignan voluntariamente a llevar la peor parte, con tal de alcanzar un ilusorio triunfo cosmopolita. Si los personajes de José Agustín creen que escoltar a dos turistas repulsivas en su excursión a la laguna Estigia significa "hacerla gacha", en *Bellísima bahía* Garibay observa la otra cara de la moneda: las tribulaciones del mexicano orgulloso y sensible que se plantea el ligue de una gringa como un reto cultural superior a sus fuerzas: "Qué vientre tiene, qué luz en sus muslos —reflexiona la voz narrativa—. Pero espera, eres mexicano y mexicano con muchas desventajas. ¿Cómo se hace para armar el interminable arabesco de pasos, ires y venires, lengua inglesa, conversaciones a propósito de nada, esquíes, jaiboles y majaderías en el caracol de la oreja? *¿Where do you come from?* Y cuando diga Texas, ¿qué? Maldita sea mi estampa. Natural sería que ya estuviéramos entre las sábanas".

Lógicamente, el protagonista de *Bellísima bahía* fracasa en su intento por untarle bronceador en la espalda a la gringa que toma el sol en Pie de la Cuesta, porque ya estaba derrotado de antemano antes de abordarla. Pero en el caso de los seductores exitosos que exhiben a las gringas como trofeos de caza, probablemente exista la misma carga neurótica. Para Garibay y Agustín, las fronteras que Fuentes cree superficiales son alambres de púas incrustados en el corazón de los personajes. Desde luego, ningún hallazgo novelesco permite extraer conclusiones generales sobre la conducta de un pueblo, pero es indudable que para muchos donjuanes playeros la posesión de una gringa equivale a arrancarse el alambre del pecho.

LA MORAL *SWINGER*

Según cálculos de Tony Lanzaratta, director ejecutivo de la Asociación Nacional de Clubes de Swingers de Estados Unidos, en la actualidad hay en el mundo cuatro millones de personas que practican ocasional o regularmente el trueque de parejas, la mayoría de clase media acomodada. Como es natural en una actividad tan riesgosa, las cofradías de parejas intercambiables tienen reglas muy estrictas para aceptar nuevos miembros y se protegen de la curiosidad ajena con una cortina de acero. Gran parte de los clubes de *swingers* anunciados en internet son tugurios fraudulentos donde sólo se busca sacar dinero a los incautos, pues las verdaderas redes de intercambio de parejas no están abiertas al público en general. Los libertinos honestos y altruistas que sólo buscan tener orgías entre amigos deploran esta nociva explotación del morbo colectivo, que los desprestigia a los ojos de la opinión pública, y han empezado a pintar su raya con una campaña reivindicatoria que resulta muy ilustrativa para los legos en la materia, pues en vez de anunciarnos un movimiento subversivo fundado en la promiscuidad, como el de la fallida comuna *hippie*, nos revela el surgimiento de una nueva moral conyugal que, a pesar de su carácter libertario, busca defender a toda costa el matrimonio y los valores de la familia.

Para empezar, en el mundo *swinger* está permitido el desenfreno sexual, pero no las pasiones disolventes. Su decálogo, accesible a todos los internautas, estipula que los aficionados al intercambio de parejas son personas sexualmente promiscuas, pero emocionalmente monógamas. "No intentarás romper matrimonios, así como relación estable alguna", ordena el primero de sus mandamientos, y el octavo advierte: "No invadas las zonas sentimentales de tus amistades *swingers* que sólo le pertenecen a su pareja". Es decir, que a pesar de su aparente modernidad, los miembros de la cofradía aceptan la vieja separación del cuerpo y el alma, uno de los pilares más sólidos de la moral judeocristiana, y la mayor fuente de neurosis que ha producido la civilización occidental. Como el alma queda a salvo de la promiscuidad, un *swinger* peruano erigido en pontífice de este nuevo mundo amoroso sostiene en la red que el canje de parejas es la mejor salvaguarda del matrimonio: "Al poner la moral donde debe estar, en el corazón y en la mente, y quitarla de la zona genital y del sistema endócrino, nuestro movimiento comienza por aceptar las inclinaciones naturales de cada persona, sin detrimento en absoluto de la ética. Por consecuencia, esto representa el fin de la infidelidad".

Puesto que los *swingers* pretenden haber erradicado la infidelidad de sus matrimonios, o cuando menos se ufanan de haberla reglamentado, algunos de ellos empiezan a sentirse casi virtuosos. Hace poco una mexicana de clase media, convencional en todo, salvo en su promiscuidad, me hizo una apología edulcorada de las reuniones *swinger* a las que asiste con su marido:

—Es un ambiente superagradable, de lo más *cool*, todos nos conocemos y nos respetamos, nadie se mete contigo si tú no lo aceptas. Rentamos la *suite* más grande de un hotel y ahí nos reunimos cinco parejas de amigos, finísimas personas todos. Mientras nos tomamos la copita conversamos de las escuelas de nuestros hijos, de nuestros viajes, de las últimas películas que hemos visto, luego empezamos a quitarnos la ropa, los que tienen muchas ganas pasan de inmediato al jacuzzi o a las recámaras y, si eres de nuevo ingreso, todos los miembros del club te dan un apapacho riquísimo. Hay un poquito de morbo, claro, pero el trato es muy amable y caballeroso. Por ejemplo, si dos hombres te acarician las bubis al mismo tiempo se piden disculpas con buenas maneras: "Usted primero, licenciado". "No, de ninguna manera, faltaba más, ingeniero, después de usted". Cuando acabas de hacer el amor, un besito y adiós, nadie se encapricha de una persona en particular. Ha sido una liberación fabulosa, y no creas que me ha separado de mi marido, al contrario: desde que nos damos esta libertad estamos más unidos que nunca.

—Y si te gusta mucho alguno de tus amantes, ¿no tienes miedo de encariñarte con él? —le pregunté con escepticismo.

—¿Cómo crees? Yo quiero a mi esposo y eso sí sería una traición.

El afán por limpiar la mala imagen del mundo *swinger* es más fuerte aun en Estados Unidos, un país donde la corrección política siempre ha buscado adecentar y por lo tanto arruinar las mejores perversiones inventadas por el hombre. Hace unos meses Oprah Winfrey entrevistó en su programa a una pareja de *swingers* anodinos y regordetes, que defendían su estilo de vida tomados de la mano. Cuando practicaban la monogamia estaban a punto de divorciarse, dijeron, pues habían caído en la rutina y el aburrimiento, pero desde que decidieron ingresar a un club *swinger*, su vida mejoró en todos los aspectos. Ahora vivían libres de tensiones, tenían una relación sexual más satisfactoria y les dedicaban más tiempo a sus hijos. No sólo pretendían ser una pareja modelo: se ufanaban, sobre todo, de haber salvado su matrimonio gracias a la realización de sus fantasías. Mientras veía darse baños de pureza a esos *swingers* de manita sudada no pude evitar pensar en la serie de televisión gay *Queer as Folk*, cuya premisa es convencer al auditorio de que una relación homosexual puede competir en ñoñería con el noviazgo de una pareja heterosexual fresa. ¿Por qué elegir un estilo de vida transgresor si lo que uno busca es tener 10 en conducta? Si tantas parejas *swingers* y tantos gays aspiran a ser modelos de rectitud, ¿quién los podrá soportar en la cama?

El intercambio de parejas quizá pueda estrechar los vínculos familiares, pero no es tan creíble, en cambio, que la promiscuidad consentida reavive el amor. Más bien es una forma placentera de darle cristiana sepultura. Así lo cree Eusebio Rubio, presidente de la Asociación Mexicana de Salud Sexual, quien afirma en una entrevista con Alhelí Lara: "La mayor parte de las parejas *swingers* no duran como tal o quedan muy lesionadas. Lo que es estimulante en un momento dado resulta después tremendamente agresivo para alguno de los miembros, si no es que para los dos". El diagnóstico del doctor Rubio es más realista que la prédica edificante de los *swingers* ejemplares, pues confirma uno de los principios básicos de la condición humana: la imposibilidad de separar la carne y el espíritu. Ni la prostituta más insensible tiene tan embotadas las emociones para estar a salvo de un enamoramiento. Agustín Lara lo sabía de sobra y por eso las convirtió en heroínas románticas de sus boleros.

Pero suponiendo que de verdad los *swingers* se hayan vacunado contra la pasión, y ejerzan un perfecto control de sus emociones, su gran conquista erótica sería, en todo caso, un lamentable retroceso. El amor pasión es la máxima gloria erótica que puede alcanzar el ser humano. Lo que Octavio Paz llamaba "la llama doble" se apaga automáticamente con la intromisión de terceros. Los amantes que han logrado un perfecto acoplamiento en la cama y una entrega emocional absoluta no pueden imaginar siquiera la idea de ver al amado o a la amada en brazos de otra persona. La falta de celos ha sido siempre un indicio inequívoco de desamor, sea cual sea la moral sexual predominante. Tal parece que muchos cónyuges *swingers* han logrado superar el trago amargo de ver a su pareja gozar en brazos de otra persona, o incluso disfrutan el espectáculo. Pero si han refrenado a tal punto sus impulsos posesivos es porque ya no se aman o se aman como hermanos. Podrán seguir casados y acostarse de vez en cuando, pero en el fondo sólo mantienen ya una relación de amistad. ¿Qué sentido tiene entonces conservar en formol un amor que está muerto desde el momento de aceptar el intercambio de parejas? ¿Por qué no divorciarse de una vez para tener mayor libertad?

Supongo que muchas personas deben asistir a las orgías de *swingers* acompañadas de amigos o amigas a quienes no aman, y por lo tanto, les debe tener sin cuidado compartirlos con la comunidad. No necesitan buscarle ninguna justificación ética a ese acto de libertinaje, pues han asumido su promiscuidad con espíritu deportivo. Pero quienes le imprimen la tónica a este movimiento son las parejas estables, los matrimonios que no soportan la monogamia ni quieren engañarse mutuamente sosteniendo relaciones adúlteras. Son ellos quienes necesitan hacer concesiones a la libido y convertir su intimidad en un circo para mantener la unión espiritual de una pareja que pretende haber alcanzado el máximo grado de solidez y estabilidad, cuando en realidad se está desmoronando. El intercambio de parejas es sin duda más honesto que la infidelidad. Pero los infieles que juegan con cartas abiertas pueden caer con facilidad en el autoengaño de creer que buscan salvar un amor, cuando sólo quieren embalsamar su cadáver, ya sea por codependencia, por conveniencia social o por un equívoco sentido del deber. Lo más tortuoso de la moral *swinger* no es la aparente perversidad del sexo en grupo, como creen los conservadores, sino el afán de salvar el matrimonio contra viento y marea, cuando el amor agónico se ha reducido ya a una morbosa fraternidad.

III

EJERCICIOS ESPIRITUALES

DIÁLOGO EN EL VACÍO

Me quejo por el abandono de mis amigos, y sin embargo, cuando marco un número de teléfono, siempre deseo que en vez de una voz humana me responda una máquina contestadora. Ante ella me siento seguro y puedo articular mi recado sin titubeos, en cambio, me inhibo hasta la dislexia si toma la llamada un ser vivo. Después de intercambiar algunas frases banales logro conversar con naturalidad, pero el inicio de la charla me cuesta un penoso esfuerzo de adaptación, como si tuviera que salir de una tibia placenta a un ventisquero helado. Soy un sociópata incorregible, pero mi enfermedad no es tan singular como yo creía, porque hace poco le confié a una amiga mi secreto deseo de no encontrar a la gente cuando la llamo y me respondió en tono tranquilizador: "Pero eso no es nada raro, a mí me pasa lo mismo". Desde luego, mi amiga tampoco es un modelo de cordura, pero el hecho de compartir con ella esa patología me hace pensar que la posibilidad de comunicarnos a medias, de tapiar puertas y ventanas mientras enviamos al exterior tímidas señales de humo, está creando una psicosis colectiva de alcances impredecibles.

Hasta hace poco se creía que la frialdad del teléfono era inadecuada para las charlas afectuosas o para tratar asuntos importantes. "De eso no puedo hablar por teléfono", decíamos cuando la charla empezaba a discurrir por terrenos íntimos o graves. Pero desde la invención del internet, el teléfono se volvió por contraste un medio de comunicación cálido y directo.

Tan cálido que el empresario acusado de pederastia Kamel Nacif y su gato de angora Emilio Gamboa Patrón lo utilizan para besuquearse a distancia (precioso, papito, mi rey), con una ternura que en otras épocas sólo hubiera sido posible en un baño de vapor. Como el ciberespacio es un burladero más eficaz que el teléfono para evitar el contacto con el género humano, las llamadas han adquirido una brusca inmediatez, que atemoriza a los tímidos y enfada a los misántropos. ¿Para qué hablar por teléfono si la gélida ubicuidad del correo electrónico nos concede la ventaja adicional de meditar con calma las respuestas de cada mensaje?

Pero la manía de rehuir el trato de persona a persona mediante subterfugios tecnológicos no es un vicio exclusivo de los neuróticos solitarios. Hasta en la juventud más proclive a fraternizar he observado la misma inclinación a preferir la comunicación indirecta que la charla de viva voz. Hace poco, en una reunión de amigos cuarentones, nuestros hijos adolescentes formaron un corrillo aparte. Todos ellos son gente sociable y amiguera, pero en vez de charlar entre sí, la mitad del tiempo hablaban por celular o mandaban recados escritos a otros amigos distantes, que a su vez ignoraban a sus interlocutores cercanos. Las palomillas de nuestra época son reuniones de autistas que están en otra parte mientras comparten un espacio físico con sus cuates. Tienen una compulsión tan fuerte por captar señales remotas, por aprovechar todas las oportunidades de comunicación a su alcance, que ignoran olímpicamente al compañero de junto. Y ahora que los celulares tienen cámara de video, el teléfono tiende a volverse también un intermediario visual. En un reciente concierto del grupo La oreja de Van Gogh, al que mi hija me llevó a rastras, la mayor parte del público reunido en el Auditorio Nacional tenía frente a los ojos la pantalla de un celular con el que grababa el espectáculo. Habían pagado un costoso boleto por ver en vivo a sus ídolos, y sin embargo preferían interponer el videófono para no tenerlos tan cerca. Necesitaban, quizás, una dosis de irrealidad para hacerse la ilusión de que estaban en casa, viendo el concierto por la tele.

Cuando los ogros antisociales salimos de nuestras cuevas (una vez cada año bisiesto) procuramos tener una comunicación efusiva con los demás, como los reos que aprovechan al máximo el día de la visita conyugal. Después de esa borrachera de calor humano podemos volver a sumergirnos varios meses en la pantalla de la computadora, donde ninguna contingencia emotiva perturba nuestros diálogos epistolares por internet. La gente con espíritu gregario busca una incomunicación de otra índole, pues la rodea siempre un numeroso concurso de amigos, a los que desearía borrar de su vista. "No hay peor soledad que la compañía de un pendejo", decía el novelista y cineasta Juan Manuel Torres. Por lo general, después de vegetar juntos varios años, los miembros de una palomilla se estorban entre sí, como ocurre en las familias que por convivir demasiado tiempo ya no tienen ganas de hablar y comparten un denso letargo. El teléfono celular, en su caso, satisface una legítima necesidad de aislamiento que ellos tal vez desconocen, pero su inconsciente reclama a gritos. David Lynch ha vislumbrado en sus películas un mundo macabro en donde los intermediarios tecnológicos (interfones, contestadoras, internet, celulares) rigen a tal punto las relaciones humanas que llegan a encapsular la realidad en una especie de limbo. Quizá la sensación de poderío que nos proporcionan las infinitas posibilidades comunicativas de la era moderna sea una trampa diabólica para exacerbar el pecado capital de nuestra época: el egoísmo disimulado que nos incita a reclamar la atención del prójimo con el secreto fin de anularlo.

EL DON DE LÁGRIMAS

En un número reciente de la revista *Somos* (octubre de 2000), mis queridos amigos Luis Terán y Mauricio Peña reunieron un abundante material anecdótico sobre Sara García que despeja muchas dudas sobre la compleja personalidad de la inolvidable abuelita del cine mexicano. Su esbozo biográfico, el más completo publicado hasta la fecha, permite configurar el retrato de una matrona con alma de hierro que supo erigirse en baluarte de la moral familiar sin renunciar a la transgresión privada, y como actriz alcanzó un virtuosismo lacrimógeno jamás igualado. Muchas otras actrices anteriores y posteriores a Sara han llorado a voluntad, pero según el veterano director Gilberto Martínez Solares, entrevistado por los autores del reportaje, doña Sara dominaba a tal punto sus emociones que antes de filmar una escena melodramática preguntaba al fotógrafo de qué lado la iba a tomar, para llorar solamente con el ojo izquierdo o el derecho, y al oír el grito de ¡corte!, interrumpía el llanto monocular como si cerrara una llave de agua.

Paradójicamente, la actriz fue incapaz de llorar en el velorio de su hija María Fernanda Ibáñez, fallecida a temprana edad. "En el cine debo mostrar mis emociones —explicó a sus allegados—, en mi vida personal no me lo permito." Más allá de la trivia cinematográfica, la anécdota reviste interés para los psicólogos y los filósofos que intentan responder una pregunta crucial: ¿Cuál es el papel de la voluntad en la fisiología de los sentimientos? La mayoría de los mortales tenemos graves dificultades para controlar los accesos de cólera, el apetito sexual, las ganas de reír o de llorar. Una fuerza superior nos gobierna, y aunque a veces podamos predisponernos al llanto, al sexo o a la risa, dependemos de un impulso externo (la tentación, el Ello freudiano, la Voluntad con mayúscula de Schopenhauer) que muchas veces contraviene nuestros deseos conscientes. Un ejemplo sacado de mi experiencia personal: por un extraño pudor, nunca he podido verter una lágrima en los funerales de mis familiares y amigos, aunque sienta una pena muy honda. En cambio lloro a borbotones viendo películas de amores desdichados como *Esplendor en la hierba* o *Los puentes de Madison*, que me tocan de lejos alguna fibra sentimental. Las personas como yo poseemos un mecanismo de autodefensa contra el sufrimiento directo (un mecanismo nocivo, sin duda, pues el llanto es un alivio en momentos de gran aflicción) que sólo nos concede una tregua cuando compartimos el sufrimiento de los personajes ficticios.

En otras épocas la disfunción lacrimógena estaba mal vista, pero gracias al lamento de Rubén Darío ("Cuando quiero llorar no lloro y a veces lloro sin querer") desde principios del siglo xx se volvió un defecto romántico: el atributo *par excellence* del genio hipersensible. Quien llora a destiempo aparece ante los demás como un espíritu rebelde y puro, que no puede fingir sentimientos ni someter sus desahogos a la aprobación ajena. ¿Pero en verdad es tan espontáneo el sujeto que quiere llorar y no puede? ¿No es más bien un actor que vigila constantemente sus emociones y, a semejanza de Sara García, utiliza su capacidad de autosugestión para reprimir el llanto cuando el libreto social se lo exige?

Tal vez la incapacidad de llorar en momentos de intenso dolor sea tan premeditada como el don de lágrimas de los políticos. Plinio cuenta que en la antigua Roma estaba mal visto que los patricios lloraran en los funerales de sus seres queridos. Lo correcto era llorar de noche y reprimir las lágrimas de día, manteniendo un gesto sereno. Prevalecía entre los patricios un sentimiento de pudor y hasta de rechazo a cualquier manifestación de congoja, de ahí su costumbre de delegar esa tarea en plañideras profesionales que solían llevar colgados bajo los ojos unos pequeños recipientes para recoger las lágrimas y probar así la autenticidad de su actuación. Sólo un semidiós como Julio César, que lloraba a mares en los entierros de sus amigos, pudo atreverse a violar ese código de conducta. Había descubierto la eficacia demagógica de las lágrimas, y su ejemplo hizo escuela durante varios siglos. Desde Julio César hasta López Portillo, los grandes demagogos han llorado con alevosía en los actos públicos, para hacerle creer al pueblo que se conduelen de sus desgracias. Los exabruptos emocionales de Santa Anna, el político más llorón de nuestra historia, no eran debilidades humanas, sino recursos histriónicos que le permitían ganar o recuperar adeptos en momentos críticos.

En el caso de los neuróticos inconmovibles, quizás hemos alcanzado un autocontrol de otra índole, que no busca la aprobación de la sociedad, sino más bien mostrarle cuánto despreciamos el pobre consuelo que puede brindarnos ante una pérdida irreparable. En cuanto al carácter voluntario o involuntario de la sequía de llanto, los versos de Darío delatan su falta de espontaneidad. Cuando alguien "quiere llorar", en vez de obedecer simplemente los impulsos del corazón, está falseando de antemano sus emociones. Quien se impone el llanto como un deber comete un abuso de autoridad contra sí mismo. La venganza del inconsciente consiste en impedirle llorar, como sucede en los casos de impotencia creativa, cuando la obligación de escribir gracejos bloquea el ingenio de los humoristas. Carecer por completo de autocontrol en materia de llanto probablemente sea la mejor manera de desahogar las penas. Pero los existencialistas creían que la voluntad siempre está involucrada en los conflictos emocionales y fundaron sobre esta premisa una teoría de la responsabilidad personal y social. Mersault, el protagonista de *El extranjero*, es un asesino insensible, ajeno a las consecuencias morales de sus actos, que no puede llorar en el entierro de su madre y pasa de la prisión al patíbulo sin dar señales de tristeza, rebeldía o arrepentimiento. Su incapacidad de llorar —un *leitmotiv* repetido con insistencia en el transcurso la novela— sugiere que el predominio absoluto de la voluntad aniquila por completo cualquier sentimiento espontáneo. Se puede alcanzar la ataraxia de Mersault reprimiendo las lágrimas o derramándolas con emoción fingida, pero es indudable que los caminos divergentes de Sara García, Julio César y Rubén Darío desembocan en el mismo punto.

EN LAS ARAS DEL SACRO DEBER

Cualquier chilango cuarentón ha presenciado en su media vida más demoliciones que un consejo de ancianos de Nueva York o París. La perpetua metamorfosis de calles y avenidas nos expulsa del presente, como si fuéramos sobrevivientes de una época remota. Casi todo el paisaje urbano de mi niñez ha desaparecido, incluyendo las dos escuelas donde estudié la primaria y la secundaria. Y aunque no las recuerdo con demasiado cariño, el hecho de que se hayan esfumado en el aire me da la sensación de ser un actor anacrónico despojado de su escenario. La escritura de epitafios no puede contrarrestar el vértigo autodestructivo de una ciudad condenada a roerse las vísceras, pero al menos contrarresta su efecto más deprimente: la vejez anticipada que nos convierte en ruinas prematuras.

A mediados de 1970, cuando iba en sexto de primaria, el sorpresivo cierre de mi escuela, el Instituto Patria, me reveló por primera vez el carácter efímero de un mundo que hasta entonces creía inmutable y eterno. Ubicado en la colonia Polanco, entre Molière, Homero y Horacio, el Patria era una escuela jesuita de gran abolengo, con severos edificios de tezontle, gimnasio, auditorio, canchas para todos los deportes y cinco grupos repletos en cada grado escolar. En una reunión solemne a la que asistí como representante de mi grupo, el rector nos anunció muy compungido que a partir de entonces la Compañía renunciaba a tener escuelas de paga para dedicarse exclusivamente a la educación de los pobres. Según me enteré

20 años después, el verdadero motivo de la clausura fue una disputa de los jesuitas con el presidente electo Luis Echeverría, que en su campaña había censurado la educación elitista de las órdenes religiosas y amenazó con echarles encima el poder del Estado. Los jerarcas de la orden pusieron las barbas a remojar y, antes de exponerse a la represalia presidencial, prefirieron vender como terreno la enorme manzana que ocupaba el colegio, donde ahora está el Palacio de Hierro.

Como nieto de refugiados españoles, lo más natural hubiera sido que mis padres me mandaran al Colegio Madrid, donde estudiaban, por cierto, los hijos de Echeverría. Pero ambos habían echado raíces muy hondas en México y no quisieron que mis hermanos y yo creciéramos en un gueto españolista. En eso tenían razón, pero jamás entenderé por qué nos metieron a una escuela católica exclusiva para varones. Aunque ambos estaban bautizados y se casaron por la Iglesia, no eran católicos practicantes y, como todos los hijos de refugiados, tenían fuertes reservas contra el clero, por haberse aliado con Franco en la guerra civil. Pero, deslumbrados por el prestigio académico de la escuela, decidieron transigir con el enemigo para darnos la mejor educación a su alcance. En el pecado llevaron la penitencia. Hija de un comunista que jamás puso un pie en una iglesia, mi pobre madre tuvo que fletarse a llevarnos a misa todos los domingos, porque en la clase de moral nos pedían reseñar cada lunes el sermón del párroco.

De entrada, la ausencia de mujeres me produjo un sentimiento de orfandad que traté de compensar adjudicando atributos femeninos a mis compañeros. Para crearme un ambiente más suave y acogedor, dividí el salón entre niños andróginos que para mí eran niñas y varones bien definidos. Yo creía pertenecer al segundo grupo, pero quién sabe cómo me verían los demás. Junguiano sin saberlo, había desarrollado un sexto sentido para distinguir el predominio del ánima o el ánimus en la personalidad infantil. Esa intuición iba acompañada de un prematuro sadismo, pues todas las mañanas, al formar filas, propinaba rodillazos en el culo a uno de los gráciles niños que había travestido en la imaginación. El pobre (o la pobre) no tenía valor para acusarme con la maestra y su cobardía me causaba un turbio placer.

Fue quizá la única travesura que me permití en el Patria, y ocurrió cuando iba en primero de primaria. De ahí en adelante me convertí en un soldadito de plomo. Como la Compañía de Jesús es una milicia espiritual, sus escuelas tenían una estructura jerárquica de corte militar que fomentaba el individualismo y la competencia feroz entre los alumnos, exactamente a la inversa de la moderna pedagogía, que busca desarrollar el compañerismo y el trabajo en equipo. El himno de la escuela exhortaba a los "nobles tercios de Cristo" a inmolarse "en las aras del sacro deber", y en las ceremonias de premiación, los alumnos más aplicados recibíamos el nombramiento de edil, brigadier o regulador general, como si hubiéramos ascendido a los cuadros superiores de un ejército.

Yo estaba predispuesto a la inmolación, porque en vísperas de mi entrada a la escuela, mi madre me había leído en voz alta un libro al que debo buena parte de mi neurosis: *Corazón*, de Edmundo de Amicis, la historia de un grupo de abnegados colegiales de Turín, que se queman las pestañas con una disciplina estoica y realizan proezas humanitarias para ayudar a sus pobres familias. Conmovido hasta las lágrimas por los sacrificios de esos pequeños mártires, me impuse el deber sacrosanto de ser un alumno modelo y desde el primer día de clases luché con denuedo por la excelencia académica, la primera escala en mi camino a la santidad. En busca de la perfección caligráfica, tardé más de seis horas en hacer mi primera tarea, una plana de las vocales, porque la repetía sin cesar a la menor falla, aunque mi madre no le viera ningún defecto, y me fui a dormir llorando de impotencia cuando ella me arrebató el cuaderno. El día de la solemne entrega de calificaciones mi anhelo de ganar una medalla fue tan intenso que me cagué en los pantalones. La gloria de volver condecorado a casa quedó empañada por la humillación de viajar de pie en el autobús escolar, pues el cuidador, un cretino de apellido Valtierra, no quiso que manchara el asiento de mierda. Era un triunfador apestado y los compañeros envidiosos se regocijaron en grande con mi desgracia.

En todas las disciplinas que no chocaran con los dogmas católicos, el Patria era sin duda una escuela con alto nivel académico. Pero en materia de historia y educación sexual el colegio se había estancado en el oscurantismo. Obligados a seguir los programas oficiales de la SEP, los curas y las maestras devotas aprovechaban la menor ocasión para lanzar anatemas contra comunistas y jacobinos. Mi maestra de cuarto año, Crisanta Cruz, nos hizo un relato espeluznante sobre la muerte de Benito Juárez. Según ella, cuando Juárez expiró en su cama, los asistentes a la misa de catedral oyeron retumbar la tierra: era el alma de don Benito, que en ese momento caía al infierno con gran estrépito, envuelta en llamas y despidiendo un hedor a azufre. Aunque tuviera nombre de beata, el firme trasero de la señorita Crisanta incitaba a pecar, y como yo me sentaba en la primera fila del salón (privilegio concedido a los mejores alumnos de la clase) cuando se acercaba a mi pupitre fingía que se me caía un lápiz para agacharme a verle las nalgas. Un día, Crisanta me sorprendió en plena contemplación de sus nalgas. "Serna, nunca lo creí de ti —me reprendió con dureza—. Haz favor de cambiarte a la última fila." En represalia por esa humillación pública, varias décadas después bauticé con su nombre a la protagonista de *Ángeles del abismo*.

En su empeño por reprimir la sexualidad infantil, los jesuitas del Patria no vacilaban en inventar una fisiología fantástica. Mi admirado amigo Rafael Cauduro, otro egresado del Patria que no recuerda con afecto a su escuela, me contó que en segundo de secundaria, cuando cualquier adolescente se hace un promedio de nueve chaquetas diarias, el prefecto lo sometió a un severo interrogatorio:

—¿Has visto de qué color es el semen?

—Sí, profesor, es blanco.

—¿Y de qué color es el cerebro?

—También blanco.

—Pues cada vez que te masturbas pierdes una parte de tu líquido cerebral. Así que mucho cuidado, amárrate las manitas o vas a quedarte idiota.

Un poderoso argumento contra el vicio de Onán que el secretario Abascal y Marthita Sahagún deberían incluir en su *Guía de padres*. A pesar de mis rencores, debo reconocer que el colegio me dejó cosas buenas: la mística del estudio, el sentido del deber, el hábito mental de nunca seguir la línea del menor esfuerzo. Pero me pregunto si valió la pena haber adquirido ese rigor a costa de una infancia martirizada. Si me hubieran dado a escoger, yo habría preferido seguir mi natural vocación de patear culos. En la nómina de egresados del Patria figuran muchos personajes y personajillos que luego descollaron en el terreno del arte, la ciencia, la política y los negocios. Podría jurar que la salud mental de la mayoría es bastante precaria. Nos educaron para ser importantes, no para ser felices. Nadie nos advirtió que pasados los 40, en la edad de los desengaños, la ambición de cosechar honores nos parecería tan ridícula y mezquina como las medallas de hojalata oxidadas en nuestros cajones.

HIJOS DE PAPEL

De tanto comparar la creación literaria con el acto de engendrar y las arduas faenas de la escritura con los dolores del parto, los escritores cursis han llegado a creer que su oficio es una especie de paternidad sublimada. Como todo lugar común tiene algo de cierto, la analogía literario-paternal parece reflejar con exactitud los predicamentos del escritor durante la gestación de sus obras. La literatura es un arte que exige paciencia, tenacidad, espíritu de sacrificio, en igual o mayor medida que la crianza y la educación de los hijos. El amor visceral por los frutos del intelecto tiene la misma intensidad y el mismo grado de ceguera que el amor paterno. Por eso la mayoría de los escritores reaccionan como padres ofendidos cuando la crítica maltrata a sus vástagos. Pero más allá de cierto límite, la similitud entre la vocación literaria y la paternal falsea la realidad, pues ignora un componente esencial en el carácter del escritor: nuestro monstruoso egoísmo. Si la literatura es una escuela de virtudes paternales y maternales, ¿por qué tantos escritores fracasan como padres?

La mayor parte de los mortales llegan a la paternidad sin experiencia previa en ese terreno y aprenden a ser padres a costa de grandes esfuerzos. Los hijos son su única esperanza de perdurar, y para no malograrla se consagran a ellos en cuerpo y alma, sin caer en excesos de confianza. Los escritores, en cambio, tenemos otra forma de trascender (o al menos nos hacemos esa ilusión) y sentimos que ya conocemos la paternidad por haber engendrado seres imaginarios. Orgullosos de la obra intelectual, más meritoria que la burda procreación, algunos incluso menosprecian la paternidad biológica. Lo más grave de esta suficiencia inconsciente es que los demiurgos remontados a las cimas del espíritu, o los que se engañan con ese espejismo, sólo toman conciencia del círculo polar donde se han encerrado cuando ya les arruinaron la vida a sus hijos.

La biografía de Mallarmé ofrece abundante material para documentar hasta dónde la literatura puede atrofiar el instinto paterno. Poeta del vacío, Mallarmé rindió culto a la esterilidad, al grado de considerarla una escala hacia la perfección, y en su tentativa por apresar la nada encerró a la poesía francesa en un callejón sin salida del que no ha logrado salir. En la vida cotidiana sólo encontraba "un insoportable olor a cocina", pero como estaba preso en una envoltura carnal y muy a su pesar tenía que satisfacer necesidades biológicas, contrajo matrimonio con una muchacha, Marie, que al poco tiempo cometió el prosaísmo de embarazarse. Según su biógrafo Jean-Luc Steinmetz, Mallarmé recibió la noticia por carta en casa del parnasiano Catulle Mendès y comentó sin alegrarse: "Nosotros no somos padres más que de nuestras criaturas verbales". Cuando Marie empezó a sentir las primeras contracciones, no quiso tomarla de la mano como los maridos vulgares: la dejó en manos de la comadrona y en la alcoba contigua se encerró a escribir el soneto "Le Jour", donde compara el nacimiento de su hijo con el de un poema terminado al rayar el alba. Más tarde se arrepentiría de haber llevado tan lejos su credo poético, pues el deleznable producto carnal nacido mientras él interrogaba al vacío murió a los dos años de nacido y, según Steinmetz, "Mallarmé lloró con amargura pensando en las horas que no supo compartir con su pequeño, en las tardes donde, solo con la literatura, una delgada pared lo apartó siempre de esa vida truncada".

Mallarmé fue sin duda un caso patológico por su ambición sobrehumana de crear con el lenguaje algo superior a la vida. Pero aun los escritores con ambiciones modestas, que no aspiramos a repetir el milagro del verbo encarnado, dedicamos a las letras una porción de tiempo libre que les robamos a nuestros hijos. Los profesionistas y los ejecutivos quizá tengan empleos más absorbentes, pero el escritor trabaja en casa, y el niño que lo ve abismarse en las palabras no puede comprender por qué su papá lo abandona durante horas para enfrascarse en un juego solitario, incomprensible y mezquino. Sólo hay un egoísmo más robusto que el de un escritor: el egoísmo infantil, y cuando ambos chocan, el hilo siempre se rompe por lo más delgado.

Por lo común, los hijos de celebridades literarias aplastados por la fama y el desamor de sus padres recurren a las drogas o al fracaso escolar para hacerse notar, y en la adolescencia pueden desarrollar pulsiones suicidas. Acostumbrado a moldear una arcilla inerte, el padre que no distingue a sus hijos carnales de sus hijos intelectuales, o los distingue demasiado tarde, tampoco puede resistir la tentación de corregirlos o enmendarlos de un plumazo, sin tomar en cuenta lo que piensan o sufren. La comprensible rebeldía de los hijos a dejarse tratar así explica, en parte, su tendencia autodestructiva: al sentir que el padre o la madre los quieren reescribir en el borrador de la vida, su venganza consiste en ahorrarles trabajo, arrugando el papel y tirándose ellos mismos a la basura.

Juan Jacobo Rousseau encontró una solución brutal, pero eficaz, para eludir el viacrucis de la paternidad y ahorrarse la manutención de sus hijos: entregarlos al hospicio recién salidos del vientre materno. Quien no tenga las agallas para proteger así su tiempo y su independencia debe resignarse a derrochar afecto en una obra rebelde, imperfecta y llorona que no se deja retocar ni pulir el estilo, pero espera de nosotros una devoción infinita.

LA VENTAJA DE SER FEA

Las revistas femeninas de los años cuarenta no son una fuente de información confiable para deducir cómo eran sus lectoras, pero sí reflejan cómo les hubiera gustado ser. En aquel tiempo el sexo era un tema tabú, incluso el sexo dentro del matrimonio, pero todos los anuncios y reportajes rendían culto a las vampiresas de México y Hollywood, quizá porque muchas señoras decentes ansiaban seguir sus pasos. Sedientas de pasión como Madame Bovary, pero sin adulterio en puerta —y, para colmo, sin televisor—, las amas de casa pedían a gritos un poco de *glamour* que las sacara del tedio existencial. *Paquita de Jueves* les daba todo el *glamour* del mundo por 30 centavos. Publicada por la cadena García Valseca, Paquita proporcionó entretenimiento y educación sentimental a miles de mujeres entre 1936 y 1950. Ricardo Serna Alba, mi abuelo paterno, la dirigió a partir de 1942, año en que llegó a México huyendo de Franco, tras haber sido magistrado de la República Española y director del periódico murciano *El Liberal*. Impresa en tinta sepia con portada a color (por lo común, la foto coloreada de una diva de Hollywood), la revista contenía el capítulo semanal de una novela rosa, consejos sobre modas y maquillaje, crucigramas, cápsulas culturales, cuestionarios para descifrar el carácter del hombre amado y el indispensable "Carnet social", sección donde se ligaba por correspondencia. Para eludir los reproches del público moralista, mi abuelo advertía entre corchetes: "Esta sección no tiene, como equivocadamente pudiera suponerse, un sentido de maliciosa galantería. Sólo persigue fines altruistas y tiende a que la juventud de nuestro país y de América se relacione entre sí".

Sospecho que la juventud se relacionaba muy estrechamente gracias a ese correo abierto, y que algunas libertinas postales —como la heroína de Luis Zapata en *De pétalos perennes*— utilizaban el buzón erótico para abastecerse de carne fresca. O quizá las cartas eran inventadas, como en el maravilloso cuento de Rubem Fonseca "Corazones solitarios", donde el redactor de una revista muy similar a *Paquita* utiliza el buzón sentimental para confesarle a su jefe que es un travesti de clóset. Pero si se trata de buscar resonancias literarias, *Paquita de Jueves* pertenece por encima de todo al mundo imaginario de Manuel Puig. El culto a las diosas del cine, la ingenuidad de los anuncios ("Polvos Cocaína en flor, una fragancia delicada que inquieta y atrae"), los sombreros con velo a la Joan Crawford, la coquetería empastelada de las modelos y la visión del matrimonio como antesala del paraíso evocan un pasado en que la fealdad y su castigo correspondiente —la soltería— eran el destino más oprobioso para una mujer. La piedad por la suerte de las feas rayaba en el humor negro, como en la composición escolar "La ventaja de ser fea", donde la estudiante de Oxford Ann Athemer, campeona de jabalina de la Gran Bretaña, exponía su resignado enfoque de la existencia, con argumentos dignos de Séneca y Epicteto:

En primer lugar, la fealdad me ha permitido hacer economías —sostiene Ann—, porque ningún hombre me invita a salir y esto representa un ahorro en ropa y cosméticos. Tampoco se atreven a cortejarme y gracias ello, mi mente está a salvo de perder su equilibrio. El éxito en el amor no me hace repulsiva ante las personas que me conocen, y como no tengo ilusiones, la posibilidad de una decepción tampoco me atormenta. La fealdad favorece el desarrollo de la inteligencia, pues a falta de belleza física he tenido que aprender a sostener una buena conversación, a diferencia de las bonitas, que aburren a los hombres con sus charlas insulsas. El egoísmo, los caprichosos arranques de genio y la vanidad son intolerables en una fea, lo que me ha obligado a hacer esfuerzos constantes por desembarazarme de esos defectos. La perspectiva de la vejez tampoco me causa temores, pues aunque tenga la cabellera blanca y el rostro lleno de arrugas, no seré más fea de lo que ahora soy.

O sea que la pobre Ann, escondida en los rincones de Oxford, temerosa de que alguien la viera, como la muñeca de trapo de Gabilondo Soler, se había fabricado una coraza de silogismos para convertir su desventaja en un motivo de orgullo. Pero como no era precisamente Simone de Beauvoir, su estoicismo evidenciaba un atroz complejo de inferioridad. Si la carencia de un bien nos ahorra el dolor de perderlo, como sostiene la campeona de jabalina, la parálisis, la ceguera o el síndrome de Down también podrían verse como los mayores regalos de la existencia. De ahí a preferir la muerte sobre la vida sólo hay un paso, pues no hay duda de que la muerte nos ahorra el dolor y la vida nos lo provoca. Determinados por su contexto, los únicos brotes de feminismo que aparecían en las revistas femeninas de los cuarenta reforzaban los valores de la sociedad patriarcal, pues ni siquiera las mujeres rebeldes lograban sustraerse a ellos. Al exhibir sus llagas en público, Ann Athemer actuaba como un boxeador que se finge inmune a los golpes a pesar de tener la cara desfigurada. ¿O buscaba despertar compasión para ligarse a las incautas atletas de Oxford?

LA PENA SABROSA

Por temor al sufrimiento, los hombres y las mujeres *light* prefieren evitar los altibajos de la pasión, en particular los derrumbes posteriores al éxtasis, sin tomar en cuenta que al privarse de ese riesgo se privan también de una existencia más plena. Pero los adictos a las drogas duras llegan por otro camino a la misma impavidez, pues la euforia inducida, cuando busca evitar el dolor a toda costa, puede aniquilar la sensibilidad con tanta eficacia como el sopor existencial. Existe, sin embargo, un tercer camino para exprimir la sustancia de la vida sin resecarla: disfrutar al máximo las alegrías y saborear golosamente las penas, como los grandes compositores de boleros y canciones rancheras.

Quien haya analizado a fondo las canciones de José Alfredo Jiménez, Álvaro Carrillo, Agustín Lara, Luis Alcaraz, Cuco Sánchez, Tomás Méndez o Rubén Fuentes, llegará a la conclusión de que para un trovador vernáculo la pena de perder a la mujer amada es infinitamente más placentera que el gozo de poseerla. En el repertorio de clásicos de nuestra música popular pueden contarse con los dedos de una mano los himnos a la plenitud amorosa. Casi todas las canciones tocadas por tríos y mariachis celebran una ruptura desgarradora o la traición de una ingrata. Como festejar los descalabros del corazón denota, cuando menos, una mentalidad tortuosa y derrotista, algunos exponentes modernos del género, como la talentosa Astrid Haddad, una imitadora paródica de la legendaria Lucha

Reyes, han tomado a chunga el masoquismo de la canción vernácula y su propensión al autoflagelo. Sin duda, hay algo impúdico y grotesco en cantar a lágrima viva: "Maldito corazón, / me alegra que ahora sufras, / que llores y te humilles / ante este gran amor". Pero sin haber alcanzado esa tesitura emotiva, ¿quién puede asegurar que de verdad está vivo?

La poética del bolero y de la canción ranchera postula un arte de amar que al mismo tiempo es una declaración de principios: la vida no vale nada sin la pasión y no puede haber pasión exenta de dolor. Disfrutemos, entonces, las penas de amor como parte integral de la experiencia humana. Con el mismo fervor, volcado hacia lo divino, Santa Teresa padecía gozosamente sus "penas sabrosas" y encomiaba "el deleite de sufrir por Dios". Desde luego, amar como Santa Teresa, Cuco Sánchez o Lucha Reyes no está al alcance de todos los mortales. Sin embargo, su ejemplo puede servir como antídoto contra la cobardía emocional y la inhibición patológica del hombre contemporáneo, sobre todo en las sociedades desarrolladas, donde el temperamento romántico está de capa caída. En un mundo anestesiado y refractario a las efusiones, donde la gente rinde un culto fanático a la salud, adora la trivialidad por encima de todas las cosas o se narcotiza para no sentir demasiado, la capacidad de aceptar el dolor y transformarlo en placer puede ser quizá nuestra única alternativa para impedir la robotización de la especie.

Por supuesto, en todos los países donde el pueblo ha padecido el yugo de la opresión o la agonía del amor mal correspondido, la música popular ha rendido culto al dolor y al sentimiento de pérdida. Tanto el bolero como la canción ranchera tienen lazos de familia con el blues, el tango, el cante jondo, el vallenato, el fado portugués y otros géneros de la lírica popular que tensan al máximo las cuerdas de la elegía. Mucho antes de la globalización, los lamentos poéticos musicales desbordaron las fronteras nacionales y crearon una unión solidaria entre los amantes sufridos del mundo entero. Por eso en la actualidad una cantante como Betsy Pecanins se toma la libertad de adaptar al blues las canciones de José Alfredo, sin traicionar ninguno de los dos géneros.

La aportación de México a esta catarsis universal ha sido el carácter retador de nuestra quejumbre lírica. En otros países, el amante abandonado llora sus penas con discreción y dulzura, como un tórtolo herido que busca el árbol más apartado del bosque para entonar sus endechas. Nuestros grandes compositores, en cambio, se ufanan de su desgracia ante los extraños y la proclaman en son de triunfo. "Si te cuentan que me vieron muy borracho, / orgullosamente diles que es por ti", presume José Alfredo con los ojos anegados en llanto. Enorgullecerse del fracaso amoroso significa ir más allá de Santa Teresa, que por lo menos tenía la certidumbre de ser amada por Dios. Los mexicanos que exhiben sus llagas de amor en las cantinas, como los lisiados de guerra sus brazos amputados, ofrecen, desde luego, un espectáculo patético. Pero si de patetismos se trata, ¿es preferible tragarse los sentimientos y vivir encandilado frente a una pantalla de computadora, como tantos jóvenes de nuestra época? ¿Es más humano chatear por internet con una novia virtual que probablemente nos toma el pelo a 5 000 kilómetros de distancia? Querer vivir como si la vida fuera un bolero puede conducirnos a la locura o a la cirrosis. Pero un destino peor le espera a la gente sensata, sobria, enemiga de los desfiguros, que rige su vida por el principio de evitar riesgos, y por miedo a perder la compostura ni siquiera conoce el sabor de sus penas.

LA FISURA DEL TÉMPANO

Hace cuatro siglos, cuando la mercadotecnia del espectáculo estaba en pañales, los escritores de genio sabían cautivar al público masivo sin sacrificar la altura poética de un drama. La clientela a quien Lope de Vega y Shakespeare debían complacer por imperativos comerciales no era más inteligente ni más educada que el teleauditorio de nuestros días. Sin embargo, aquel público irritable y zafio tenía una ventaja sobre el actual: su disposición a estremecerse con el destino de los héroes trágicos. Los intelectuales de cenáculo creen que la masa está condenada a consumir subproductos culturales por su ineptitud para desentrañar el sofisticado lenguaje del arte moderno. Pero la rusticidad del público no es un obstáculo invencible para los novelistas, cineastas y dramaturgos que conciben el arte como una forma elevada de entretenimiento. El escollo más difícil de superar, el virus que embota la sensibilidad del espectador y le impide tener horizontes culturales más amplios, es el letargo inducido por la falsa cultura del bienestar que ha predispuesto a millones de espectadores contra la catarsis dolorosa de la tragedia.

"Yo voy al cine a pasar un buen rato, no a deprimirme", responden 9 de cada 10 adultos cuando alguien les recomienda una película triste o perturbadora. El argumento es difícil de rebatir porque parece fundado en el sentido común y no en consideraciones estéticas. ¿Para qué sufrir con las desgracias ajenas, si la vida ya nos agobia lo suficiente con las propias?

La tragedia es una confrontación con la muerte, y en una cultura que pretende ignorarla, eludir esa confrontación se ha convertido en un principio de higiene mental. Pero algunas formas de higiene empobrecen la vida a fuerza de anestesiarnos y, en vez de prevenir las enfermedades, provocan efectos secundarios de mayor gravedad.

Quienes creen que lo trágico sólo es un regodeo masoquista en el dolor, una fuente de aflicción que no aporta nada positivo a la existencia, defienden su equilibrio emocional a cambio de restarle valor a la vida, puesto que no les inquieta demasiado la posibilidad de perderla. A juzgar por la preponderancia del modo de vida *cool* en los países desarrollados, parecería que el estoicismo reina en el mundo y por fin el hombre ha podido superar el miedo a la muerte. Pero como revelan los cuentos de Raymond Carver, el inventor de la tragedia deshidratada, la falta de dramatismo en el comportamiento humano muchas veces oculta un terrible desasosiego, pues el miedo a morir va ganando terreno en el inconsciente cuanto más nos empeñamos en minimizarlo. El espectáculo de Medea arrancándose los cabellos contraviene el discreto optimismo y las buenas maneras de una sociedad que castiga la exteriorización de los sentimientos. Pero la angustia reprimida desencadena una explosión más violenta: la del ciudadano impasible, centrado, amante de la vida hogareña y enemigo de las películas deprimentes, que acumula tensiones sin permitirse nunca el menor desahogo —salvo manejar el selector de canales a una velocidad esquizoide— hasta que una voz interior le ordena asesinar a su mujer y a sus hijos con una escopeta.

Víctima de los estragos causados por la inhibición de las emociones, en 1904 Franz Kafka aconsejó a su amigo Oskar Pollak: "Necesitamos libros que nos muerdan y nos arañen. Si el libro que estamos leyendo no nos duele como un mazazo en el cráneo, ¿para qué leerlo? Un libro debe ser el hacha que quiebre el mar helado dentro de nosotros". Por desgracia, los libros punzocortantes no llegan a quien más los necesita, y a finales del siglo millones de seres recurren a las drogas en busca de sacudidas fuertes, principalmente en las clases sociales que tienen la vida resuelta. Con su tobogán de subidas eufóricas y caídas en el abismo, el consumo de drogas mantiene vigente el espíritu de la tragedia, si bien ahora la acción dramática se ha mudado al cerebro del adicto. Depender de una sustancia para soportar la vida equivale a sustituir la fuerza del destino por una fatalidad artificial, como si el hombre agobiado por un exceso de libertad necesitara encomendar a la droga la función determinista que en tiempos de Esquilo desempeñaban los dioses. Eugene O'Neill describió esa adulteración del sentimiento trágico en el *Largo viaje hacia la noche*, pero sólo ahora, cuando la abdicación de la voluntad se ha convertido en el deporte favorito de la humanidad, vislumbramos los alcances de su profecía.

Mientras los psicólogos del Primer Mundo no aclaren por qué los países anglosajones, donde la gente es menos propensa a desmelenarse de júbilo o de dolor, tienen los mayores índices de drogadicción en el mundo (para no hablar de su liderazgo en materia de psicópatas y *serial killers*), los pueblos temperamentales deberíamos ponernos en guardia contra sus normas de higiene mental. Quizá la más nociva y repugnante de todas es la receta "sonría, por favor", que si bien reconoce las propiedades analgésicas del humor, pretende banalizarlo y convertir la risa en un gesto mecánico. Por lo común, la gente que recomienda enfrentar los sinsabores de la vida con ánimo risueño tiene un sentido del humor anodino y sólo sabe contar chistes prefabricados, como la mayoría de los comediantes televisivos. Por el contrario, los grandes humoristas de la literatura, los observadores más agudos de la ridiculez humana, mojan la pluma en su propia sangre cuando su ingenio relampaguea, porque la frivolidad sólo tiene valor y nobleza cuando nace de la desesperación. De manera que si el objetivo es preservar el humor como tabla de salvación, la impopular consigna "llore, por favor" tendría un efecto catártico mucho más saludable.

LA RELIGIÓN DEL FRACASO

El imperio yanqui ha exportado a todo el planeta la comida rápida, el cine de acción, la Coca-Cola, el rock, la cultura del automóvil, el internet, pero no ha podido imponer al resto del mundo la costumbre de dividir a los hombres en triunfadores y fracasados. Por más penetración que tengan los manuales de superación personal y los libros de autoayuda, fuera de Estados Unidos los publicistas de la mentalidad triunfadora han fracasado en su empeño por darle al éxito una dimensión ética. Japón tiene los índices de productividad más altos del mundo, pero el móvil del trabajador japonés no es el deseo de triunfo, sino un sentido casi patológico del deber. Aunque la competencia laboral en Europa sea tan feroz como en Norteamérica, los europeos rechazan el culto del éxito por razones humanitarias y estéticas. En América Latina, donde la pobreza obliga a estrechar las relaciones comunitarias, el imperativo de subsistir se sobrepone a cualquier ambición personal. Para triunfar o fracasar es preciso haber tenido expectativas de prosperidad, y en las maltrechas economías del subdesarrollo, con salarios castigados a niveles de hambruna y una gran masa de profesionistas desempleados, sólo el narcotráfico, la política y la prostitución pueden ofrecerlas. Por consecuencia, entre nosotros el éxito es una posibilidad tan remota que sólo puede motivar a los jugadores de futbol y a las estrellitas de la farándula.

La falta de ambiciones provocada por la escasez de oportunidades perpetúa el estancamiento económico, pero tiene un efecto psicológico relajante. Para ejemplificarlo basta comparar la conducta de los teporochos mexicanos y los *bums* de Estados Unidos. Salvo raras excepciones, los vagabundos del imperio yanqui parecen avergonzados de serlo y entre sus andrajos conservan siempre una prenda en buen estado, como si quisieran aferrarse a su último vínculo con el *establishment*. Son hombres caídos en desgracia, que tal vez desperdiciaron buenas oportunidades de trabajo, de ahí su aparente sentimiento de culpa. Nuestros teporochos, en cambio, no tienen el menor apego a los signos exteriores de bienestar ni se consideran perdedores de una competencia en la que nunca participaron. Libres de tensiones, inmunes a la conciencia del fracaso, su conducta despreocupada indica que no cayeron al fango, porque ya estaban ahí desde siempre.

En un apunte crítico sobre las teorías de Max Weber, John Updike ha observado que si bien la genialidad del calvinismo estadounidense fue vincular prosperidad y virtud, la santificación del progreso material tiene un lado negro: "la culpa y la vergüenza que van aparejadas con el fracaso económico" (*A conciencia*, Tusquets, 1991). Por la disparidad financiera y religiosa entre México y Estados Unidos, siempre será más patético un *bum* echado en la banqueta de Wall Street, que un teporocho felizmente dormido en los arriates de Garibaldi. La religión católica no sólo exime de culpas a los fracasados, sino que los considera víctimas de un orden social injusto. Hasta los ateos más recalcitrantes deberíamos agradecerle habernos librado de la estúpida carrera de ratas en pos del dinero, que por cada triunfador produce 100 000 neuróticos. Pero si el catolicismo ha opuesto una muralla contra la deshumanización de la competencia económica, su tendencia a bendecir el conformismo, la resignación y la pasividad quizá nos ha llevado al extremo contrario: la idolatría del fracaso.

El poder aglutinador del sufrimiento común por lo general desempeña una función defensiva, pero adquiere un cariz agresivo y hasta violento cuando se producen brotes de independencia en un grupo unido por la desgracia. La injusticia social nos ha puesto en guardia contra las atrocidades del individualismo, pero ¿no existe un colectivismo igualmente feroz, que busca aniquilar al individuo sobresaliente? ¿Cómo reacciona el rebaño cuando alguien tiene éxito en un medio donde parece imposible destacar?

Entre los filmes y las novelas que han abordado este conflicto, mi archivo mental atesora dos excelentes estudios de sociopatía: *El hombre del brazo de oro* de Otto Preminger y *El Rayo Macoy* de Rafael Ramírez Heredia. En la famosa película protagonizada por Frank Sinatra, un trompetista adicto a la heroína que de noche trabaja como *croupier* logra desengancharse del vicio y obtiene una oportunidad para hacer una audición en una orquesta sinfónica. Los amigos de la barriada parecen compartir sus anhelos de triunfo, pero el día de la audición se confabulan inconscientemente para retenerlo en un bar y debilitan su voluntad con tragos, hasta que Frank sucumbe a la tentación de darse valor con un arponazo. *El Rayo Macoy* narra una historia bien conocida por los aficionados al box: la progresiva declinación de un campeón mundial que se deja arrastrar al alcoholismo y a la ruina por fidelidad a su palomilla. El gran acierto de Ramírez Heredia es dejarnos entrever un mecanismo de nivelación autodestructiva en la conducta de los juerguistas, pues más que divertirse a costillas del amigo exitoso, en realidad buscan bajarlo del pedestal, demoler una gloria que los ofende y amenaza con destruir la unidad del clan.

La abundancia de historias similares en ámbitos muy diversos de la vida mexicana (el periodismo, la política, la literatura) revela que entre nosotros el éxito puede tener poca importancia, pero el fracaso es una religión enraizada en el inconsciente, con un implacable aparato de seguridad para someter a los infieles que pretenden abandonarla.

IV

RADIOGRAFÍA DEL LENGUAJE

EL EUFEMISMO CULPABLE

Desde los tiempos del marqués de Humboldt, los extranjeros que visitan México han admirado la tersura de nuestro lenguaje. Quizá por vivir en un país donde el español se impuso a golpes de látigo, los mexicanos procuramos evitar al máximo la aspereza verbal, especialmente cuando se trata de dar una orden, porque los gritos del mandón español todavía resuenan en la memoria colectiva. Sin duda, el empleo de diminutivos y perífrasis para eludir los imperativos refleja la supervivencia de las tensiones entre la casta oprimida y la casta opresora. En países donde la desigualdad no es tan flagrante, ni siquiera hace falta pedir las cosas "por favor". Así ocurre, por ejemplo, en España, donde las fórmulas de cortesía en el trato con los meseros están reducidas al mínimo. Los meseros españoles no se consideran agraviados cuando un cliente les dice: "Ponme una cerveza". En cambio, la orden solícita del turista mexicano: "¿Sería tan amable de traerme una cerveza?", les parece una bofetada con guante blanco, pues creen que uno la utiliza para echarles en cara su condición de sirvientes.

Quizá la suavidad del habla mexicana sirvió para atemperar la mala conciencia de los criollos, pero su paulatina adopción de la cortesía indígena fue un triunfo de la cultura nativa sobre la arrogancia española. Aun si llegaran a sanar las hemorragias internas del español mexicano, nuestros hábitos lingüísticos tal vez permanecerían intactos, porque ya son una herencia irrenunciable, como el código genético o el tipo sanguíneo. Pero una cosa es haber heredado una enfermedad y otra dejarla avanzar sin oponer resistencia. La proclividad a suavizar las palabras hirientes puede enriquecer el vocabulario de un pueblo, cuando el propio pueblo crea sus eufemismos. Pero cuando un locutor o un funcionario se los impone al resto de la sociedad, el habla resiente la presencia de un cuerpo extraño. Así ocurrió con la expresión "país subdesarrollado", que ya era un eufemismo cuando surgió en los medios académicos, como alternativa elegante para no decir "país atrasado o pobre". Desgastada por el uso, en los años setenta la expresión adquirió una carga tan peyorativa que los políticos de América Latina se vieron obligados a sustituirla por la ridícula variante "país en vías de desarrollo". Desde entonces los presidentes de México no han cesado de tender las retóricas vías por donde sólo transitan vagones repletos de oro que se dirigen a Dublín, a San Jerónimo o a la Colina del Perro.

También las feministas han contribuido a enturbiar el habla con sus eufemismos piadosos. Los compositores de boleros de los años cuarenta ennoblecieron el vasto repertorio de sinónimos con que la gente decente nombraba a las prostitutas (perdida, aventurera, virgen de medianoche), pero quienes hoy enarbolan su defensa han acuñado la palabra *sexoservidora*, que les resta categoría sin eximirlas del repudio social. Las prostitutas pueden ser víctimas de una sociedad injusta, pero jamás han tenido la humildad de las trabajadoras domésticas. Las grandes putas de la historia —la Bella Otero, Mesalina, la Bandida— más que servir a sus clientes los han explotado. Lara nunca hubiera podido cantarle a una sexoservidora, porque un vocablo tan horrendo sólo puede figurar en partes policiacos donde el lenguaje raspa como una lija. *Sexoservidora* es un eufemismo que refleja la culpa social de quienes lo inventaron, quizá las mismas damas políticamente correctas que se refieren a la sirvienta como "la señora que nos hace favor de trabajar en la casa". ¿Cuál favor? ¿Acaso no le pagan un sueldo?

Cuando se pasa por alto el significado de las palabras, la delicadeza del hablante puede acercarse peligrosamente a la hipocresía. Es el caso de los eufemismos utilizados en la jerga periodística para nombrar a los lisiados o paralíticos. Hace 20 años era de buen tono llamarlos minusválidos, palabra que designaba su desventaja para valerse por sí mismos, pero no los condenaba a la invalidez. Era un vocablo certero y hasta cierto punto piadoso, que debió de haber corrido con mejor suerte. Sin embargo, la comunidad biempensante creyó necesario sustituirlo por el eufemismo "discapacitados", una aberración lingüística que falsea la realidad, pues hay minusválidos perfectamente capaces para el trabajo manual o intelectual, mientras que la discapacidad no es una condición exclusiva de la gente con impedimentos físicos: también la padecen los ejecutivos de Televisa y los miembros del gabinete económico. Muy pronto, los filántropos de la prensa se dieron cuenta de su pifia y entonces acuñaron un absurdo mayor, el largo y torpe eufemismo "personas con capacidades diferentes", una especie de ungüento milagroso que pretende abolir por arte de magia las muletas y las sillas de ruedas.

Algo semejante ocurre con las formas hipercorrectas de llamar a los ancianos. Ya era bastante cursi decirles "personas de la tercera edad". Pero en su empeño por rendir homenaje a las canas, los melifluos redactores de discursos políticos han inventado una joya de lo grotesco, el irónico escupitajo "adultos en plenitud". En estos casos ha funcionado un mecanismo compensatorio: como las damas de sociedad o la clase política se sienten culpables por no ayudar a los minusválidos y a los ancianos en forma concreta, procuran darles coba para calmar su remordimiento. El hombre tiende a negar la realidad cuando le causa dolor, pero la piedad mal entendida puede engendrar adefesios verbales que transforman el objeto de compasión en objeto de escarnio. Una pared muy delgada separa el eufemismo compasivo del elogio mordaz. Si el objetivo es apapachar a los minusválidos y a los viejos para eximirnos de culpas, ¿por qué no llamarlos de una vez superhombres o semidioses?

EL SÍNDROME DE HUGO SÁNCHEZ

Un método infalible para medir el engreimiento de un personaje público es observar si ha empezado a hablar de sí mismo en tercera persona. En México, donde el yo siempre nos ha resultado incómodo, el desdoblamiento de la personalidad tiene cada día más adeptos, en parte por el voluntario vasallaje de los entrevistadores, que han renunciado a las preguntas directas y se limitan a poner al entrevistado frente a un espejo. Hace poco, el conductor del noticiero *Enlace* de Canal 11 entrevistó a Carlos Castillo Peraza y su primera pregunta fue: "Dígame usted, ¿cómo definiría a Carlos Castillo Peraza?". Halagado quizá por ese trato indirecto, que recuerda las fórmulas alabanciosas dirigidas a los monarcas, el panista asestó al auditorio un largo monólogo narcisista: "Pues bueno, yo diría que Carlos Castillo Peraza es un católico orgulloso de serlo, un político trabajador, comprometido con sus ideas, etc., etc.". Si hasta un hombre inteligente como Castillo Peraza ha incurrido en esta prosopopeya, con más razón los futbolistas profesionales que no saben teología, como el exniño de oro Hugo Sánchez. Hugol ya no necesita que le pongan la pregunta en bandeja para hablar de su carrera como si fuera un fenómeno exterior a él. Liberado de su envoltura carnal, en todo momento habla de sí mismo, pero al parecer se contempla con los ojos de otro. Tanto los psiquiatras como los dramaturgos saben que las crisis nerviosas y los trastornos psíquicos tienen su primer síntoma en las contorsiones del lenguaje. ¿Qué interpretación le darían al uso de la tercera persona autorreferente?

En espera de un diagnóstico profesional, me aventuro a formular una hipótesis de trabajo, basada en las observaciones de Francis Bacon sobre el carácter de los hombres públicos. Según Bacon, "para creerse dichosos, los personajes elevados necesitan mirarse en la opinión de los demás y considerar cuántos querrían ocupar sus puestos, porque si sólo se juzgaran por su propio sentimiento, no podrían tener semejante creencia". En efecto, lo que saca a muchos famosos de sus depresiones no es tanto pensar en su propia felicidad, sino en lo que significan para el público, ya sea positiva o negativamente. Saber que alguien los ama o los necesita puede ser tan alentador como saber que alguien los envidia, porque a veces el ánimo vengativo infunde más energía que el deseo de complacer a los fans. En ambos casos, la celebridad necesita verse "desde afuera" porque sólo así puede mejorar su imagen ante sí misma. La manera más fácil de hacerlo es inventarse un yo imaginario, como ocurre en nuestro país con los personajes que hablan de sí mismos en tercera persona. Se trata, pues, de una esquizofrenia dramatizada, en la que la escisión de la personalidad sólo alcanza una expresión verbal, pues el ego nunca llega a dividirse realmente: sólo juega al ventrílocuo para escuchar en boca de otro lo que le gustaría decirse a sí mismo.

Desde luego, conceder tanta importancia a la aprobación de los demás equivale a entregarles el timón de la propia vida. Un hombre público es quizás el menos independiente de los mortales. Los políticos que norman su conducta por las encuestas, y literalmente se desviven por agradar, con justicia merecen el título de servidores públicos, no porque les obsesione el bien de la comunidad, sino porque deben amoldarse a un rígido patrón de conducta, que proscribe cualquier brote de individualismo. Pero el común de la gente los ve como gigantes, y ellos procuran mantener esa ilusión, pues de ella depende en gran medida su propia autoestima. Imaginemos a un

Dios esclavo de la opinión ajena, inseguro de su propia valía y obligado a fingir omnipotencia por temor a que los hombres descubran su pequeñez: así actúan los pobres mortales que de pronto alcanzan el poder o la gloria sin explicarse muy bien por qué llegaron a donde están. El antídoto contra esa sensación de inseguridad (tan notoria, por ejemplo, en el presidente Zedillo) es reemplazar su modesta opinión de sí mismos por la grandeza que proyectan al exterior. Sobornando al juez implacable que todos llevamos dentro, hasta el hombre con la más baja autoestima puede llegar a creer que si los demás le tienen respeto y admiración, es porque lo juzgan con mayor objetividad. Es preciso entonces renunciar al yo en los discursos públicos, tener una personalidad de repuesto, jugar a las escondidas con las personas del verbo, para silenciar por completo al enemigo interno, la conciencia, que tal vez los bajaría de su pedestal si pudiera tomar el micrófono.

LA EDAD DE LA CHINGADA

Calcular la antigüedad de las malas palabras es una tarea difícil porque, a pesar de su costumbrismo, los padres fundadores de nuestra literatura consideraban indecente reproducir en letras de molde los insultos más comunes del habla popular. El hábito burgués de confundir la excelencia literaria con las buenas maneras no ha muerto del todo, pero dejó de ser una ley inviolable desde mediados del siglo XX, cuando el coloquialismo desafió con éxito las reglas de urbanidad en la poesía, la novela y el drama. Octavio Paz dio un fuerte impulso a ese movimiento libertario cuando afirmó, en *El laberinto de la soledad*, que las malas palabras son "el único lenguaje vivo en un mundo de vocablos anémicos". El capítulo donde analiza el verbo chingar y examina los atributos de la chingada ("la madre abierta o violada por la fuerza") extrajo del subsuelo la enorme riqueza semántica de las palabras malditas. Desde entonces, la visión de la chingada como una herida abierta en el inconsciente nacional ha tenido cientos de adhesiones y refutaciones. Quizá los hijos de la Malinche nunca nos pondremos de acuerdo sobre este punto, pero si queremos discutir sobre una base histórica, deberíamos partir de una pregunta elemental: ¿qué edad tiene la chingada? ¿Desde cuándo la invocamos en los recordatorios maternos?

Según Paz, la chingada tiene una estrecha relación con la Conquista, "que fue también una violación, no sólo en el sentido histórico, sino en la carne misma de las indias". De acuerdo con esta premisa, lo más lógico sería pensar que la palabra ya se profería como insulto durante la Colonia, cuando más fresca estaba la herida de la conquista. Sin embargo, el historiador William B. Taylor, autor del estudio *Embriaguez, homicidio y rebelión en las poblaciones coloniales mexicanas* (FCE, 1979), demuestra con argumentos muy convincentes que la expresión "hijo de la chingada" todavía no se usaba en México a principios del siglo XIX. Taylor examinó la única fuente documental que proporciona datos fidedignos sobre las malas palabras en tiempos del virreinato (las actas de procesos judiciales por asesinatos en cantinas y pulquerías, donde se hacía constar el lenguaje empleado por borrachos rijosos) y, si bien encontró injurias de rancio abolengo como pendejo, cabrón, joto o hijo de puta, no halló la menor huella del verbo chingar y sus derivados. De manera que, al insultarse, los mexicanos de aquella época no tenían en mente a ninguna madre violada, ni parecían estar atormentados por una supuesta mancha de origen.

Al parecer, la chingada nació junto con el México independiente. Según el testimonio de Antonio García Cubas en su deliciosa crónica *El libro de mis recuerdos*, hacia 1840 Andrés Quintana Roo y otros intelectuales que asistían a las tertulias celebradas en la Librería Andrade ya manifestaban un vivo interés por el origen del verbo chingar, que para entonces se conjugaba a diario en todas las pulquerías. El uso generalizado de la palabra coincidió con el surgimiento de la conciencia nacional, lo que parece confirmar la tesis de Paz, pero una duda sigue en el aire: ¿el resentimiento contra la madre violada estuvo adormecido en los años de la Colonia? ¿Por qué los mexicanos reaccionaron con efecto retardado al trauma de la conquista? Cuando Paz escribió su ensayo, no tenía a la mano la investigación de Taylor, que le habría ayudado a calcular la edad de la chingada. Por eso tomó la precaución de aclarar: "No sabemos cuáles fueron las causas de la negación de la Madre ni cuándo se realizó esa ruptura". Ahora sabemos con certeza que la ruptura psicológica del mexicano con su pasado no se produjo en tiempos del Virreinato, ni en los años de la Reforma como suponía Paz, sino poco después de la Independencia.

La revolución de 1810 provocó, al parecer, una catarsis de índole machista que buscaba negar los aspectos más oprobiosos del mestizaje. Entre las razas que formaron el mosaico de la mexicanidad, sólo los mestizos podían abrigar rencores contra la madre arquetípica, pues, si nos atenemos a los argumentos del *Laberinto*, ni los criollos ni los indios puros tenían lazos de familia con la chingada. Engreídos contra sí mismos, los miembros de la raza híbrida inventaron una injuria autodenigrante que ofendía a sus propias abuelas, pero a cambio les daba una fugaz ilusión de poder. Aunque en la actualidad el insulto hiere por igual a todos los mexicanos, cuando era un neologismo seguramente fue usado en exclusiva por los mestizos, un grupo étnico que no tuvo preponderancia demográfica en los primeros siglos de la Colonia y, por lo tanto, no alcanzó a dejar huella en el habla novohispana. En las décadas posteriores a la Conquista, la mayoría de los mestizos eran hijos naturales. Más que la discriminación racial, pesaba sobre ellos un repudio moral por ser descendientes de la unión ilegítima entre una india y un conquistador generalmente casado con una española. Y aunque su ilegitimidad de origen se fue diluyendo al correr del tiempo, todas las instituciones sociales y políticas del virreinato estaban diseñadas para echarles en cara ese remoto estigma. Lo extraño fue que al librarse del yugo español no se identificaron con la madre doblemente vejada, sino con el chingón que los engendró.

EL IDIOMA DEL AMO

A principios de los ochenta, por iniciativa de Margarita López Portillo, los académicos de la lengua emprendieron una campaña publicitaria para defender el español contra la corruptora penetración del inglés. El temor de Margarita y su séquito de aduladores era que el *espanglish* sentara sus reales en Tepito y Neza, como lo había hecho ya en las ciudades fronterizas, y en poco tiempo siguiéramos los pasos de Puerto Rico, un país bilingüe donde el español se habla tan mal como el inglés. La campaña fracasó porque un idioma no se puede proteger por decreto, pero sobre todo porque estaba mal enfocada: la penetración lingüística no necesariamente empobrece la cultura de un país y a veces puede enriquecerla, como ha ocurrido en Cataluña, cuando la mayoría de la población evoluciona hacia el bilingüismo. Lo dañino es bombardear al pueblo con mensajes en inglés y obligarlo a rendir pleitesía a una lengua desconocida, sin darle medios para aprenderla.

Cuando México sea un país bilingüe, cuando hayan desaparecido las barreras culturales que nos separan de Estados Unidos, y junto con ellas las barreras políticas y económicas, los anuncios en inglés que ahora proliferan en las calles, en la prensa y hasta en los urinarios públicos, perderán gran parte de su atractivo, porque dejarán de ser un signo de estatus. El grupo social a quien va dirigida esa propaganda no ha sido nunca la elite anglófila, sino la mayoría monolingüe, a la que se busca excluir de un diálogo privado entre "gente bien". Y como sucede en los actos circenses con animales amaestrados, los excluidos mueven la cola con alegría cada vez que los tratan a chicotazos.

Desde hace décadas, un amplio sector de la sociedad mexicana, el más indefenso ante la presión de los medios, contrajo el hábito de reverenciar lo que no entiende, y su progresiva pérdida de autoestima se ha vuelto un factor insoslayable en cualquier plan de mercadotecnia. Las distribuidoras de cine yanqui ya ni se molestan en traducir los títulos de sus películas. ¿Para qué, si los pobres no tienen dinero para ir al cine y el clasemediero que va a ver *Rugrats* considera un altísimo honor que lo traten como un gringo adoptivo? Aunque su mercado es el público hispanohablante, y por interés comercial deberían cuidar a la gallina de los huevos de oro, las televisoras nacionales también idolatran el idioma del amo. TV Azteca acaba de sacar al aire un programa de concursos que se llama *Jeopardy*. Sus productores seguramente conocen bien al público masivo, han hecho encuestas sobre su nivel de escolaridad y saben que 90% del auditorio no entiende esa palabra ni acudirá al diccionario para buscarla. Pero no se trata de enseñarles inglés a los nacos, sino de apabullarlos con el fulgor de lo incomprensible.

Por fortuna, la imaginación popular opone resistencia al diluvio de signos vacíos y trata de superar la marginación aproximándose al bilingüismo. Los chavos banda que aprenden fonéticamente las canciones de rock en inglés desearían sintonizarse con la juventud mundial, un anhelo frustrado por la miseria y la falta de oportunidades. Su actitud refleja un avance en la psicología del oprimido, si la comparamos con el terror lingüístico del Chango Casanova, que se dejaba noquear cuando sus rivales negros le hablaban en inglés. Por una extraña paradoja, el colonialismo lingüístico provoca mayores estragos psicológicos entre los jóvenes de clase media. La semana pasada, en un bar de Cuernavaca, tuve la suerte de admirar a un ramillete de jovencitas rubias que oían con arrobo a un cantante de rap, como si escucharan una dulce serenata. El rapero lanzaba denuestos contra la raza blanca y prometía matar a todos los rubios que encontrara en la calle, pero ellas no se daban por aludidas y hasta coreaban con entusiasmo el estribillo de la canción. Era evidente que no entendían la letra, pero, en el medio donde se mueven, confesar la ignorancia del inglés equivale a reconocer una enfermedad venérea. Cuando un hispanohablante está libre de complejos, asume con desenfado su ignorancia de otras lenguas. El director de teatro Julio Castillo no sabía ni media palabra de inglés y, sin embargo, fue un gran admirador de los Beatles. En las fiestas, con media botella de vodka encima, solicitaba a sus compañeros de farra: "Por favor, pongan otra vez 'Lady Bee'". Se refería a "Let it be", pero como ese título no le decía nada, prefería creer que Lennon le cantaba a una misteriosa dama con nombre de abeja.

De niño, cuando veía series estadounidenses dobladas al español y escuchaba en el radio las versiones mexicanas de las baladas rocanroleras, llegué a pensar que mi país era una mala copia de Estados Unidos. Para conocer la célula madre de donde habían salido esas clonaciones, en la adolescencia me puse a estudiar inglés y luego hice un posgrado en Estados Unidos, que abandoné por no soportar a los tecnócratas de la teoría literaria. No domino el inglés a la perfección, pero lo que aprendí me ha ayudado a valorar la riqueza cultural de Estados Unidos, sin menospreciar la de México. Frente a la hispanofobia de la derecha estadounidense, que ha proscrito ya la enseñanza del español en las escuelas oficiales de California, esgrimiendo argumentos dignos de Milošević, el gobierno mexicano debería reforzar la enseñanza del inglés en nuestras escuelas públicas, para competir ventajosamente con los monolingües del otro lado. Pero no podemos entrar a esa competencia con un complejo de inferioridad a cuestas. Una conquista cultural de tal magnitud exigiría, en primer lugar, tomar conciencia de que el español no es mejor ni peor que ninguna otra lengua. A menudo, los mexicanos angloparlantes que trabajan en comercios o restaurantes de Estados Unidos se molestan cuando un paisano les habla en español, como si su lengua materna fuera un estigma. La guerra está perdida de antemano si nuestro ejército de ocupación adopta como signo de estatus la ideología racista del enemigo.

GRAMÁTICA DE LOS SUEÑOS

Uno de los misterios que más han intrigado a los psicólogos y a los creyentes en la vida eterna es la percepción de que el tiempo se detiene durante el sueño. Quien goza de un sueño profundo y duerme de un tirón ocho o nueve horas al despertar experimenta un grato desconcierto, como si hubiera puesto la cabeza en la almohada 10 minutos antes. Los insomnes, en cambio, medimos las horas con los relojes flácidos de Dalí, donde las horas no pasan, porque se quedan atoradas en una masa viscosa. Junto con la fatiga y el desgaste nervioso, el insomne padece un tormento mayor: sentir las horas encajadas en la piel como lentos puñales. En los instantes de mayor placer espiritual o físico —el sueño, el orgasmo, el éxtasis místico, el chispazo de creatividad—, la impresión de haber abolido el tiempo rompe efímeramente las cadenas del alma. En cambio, el sufrimiento físico y la depresión agudizan nuestra conciencia del tiempo y, junto con ella, el deseo de morir, en la medida en que nos hacen ver la vida como un castigo. Un enfermo de cáncer y un enfermo de hastío pueden soportar el dolor con valentía: lo que no soportan es la humillación de verse convertidos en un cronómetro de cuenta regresiva. Más que la edad, lo que define si alguien es joven o viejo es la mayor o menor atención prestada a ese conteo perentorio: quien la ignora vive a plenitud hasta el final, quien la escucha con morbosa curiosidad, como Xavier Villaurrutia o los poetas del Siglo de Oro, fallece muchos años antes de exhalar el último aliento.

El sueño es la principal puerta de escape hacia lo que las religiones llaman la vida verdadera, y si bien las artes visuales han trazado los contornos de ese reino atemporal con atisbos geniales, el lenguaje es la mejor herramienta para descifrar sus misterios, no tanto por lo que decimos al contar un sueño, sino por la manera como lo contamos. En el teatro del sueño, como en la realidad, hay acciones que empiezan y terminan, pero la acción más perfecta de un sueño siempre nos parece inconclusa, pues ni siquiera la damos por terminada al despertar. Cuando contamos lo que hicimos anoche en el mundo real narramos en pretérito simple: "Fui al cine y llegué tarde a la función por culpa del tráfico. La película no me gustó. Salí muy disgustado y en el primer semáforo choqué con un autobús". Si las mismas acciones son parte de un sueño, el hispanohablante las contará de otro modo: "Soñé que iba al cine y llegaba tarde a la función por culpa del tráfico. La película no me gustaba. Salía muy disgustado y en el primer semáforo chocaba con un autobús". En español, el tiempo verbal de los sueños es el pretérito imperfecto, que según la gramática de Amado Alonso y Pedro Henríquez Ureña "expresa la significación como hecho que está ocurriendo en el pasado, es como un presente del pasado". Andrés Bello llamó a ese tiempo copretérito, pues generalmente se refiere a un hecho verificado periódicamente en la época indicada por otro verbo. (Ejemplo: La conocí cuando estudiaba Leyes.) Sin embargo, en la narración de un sueño, el copretérito funciona de otra manera, porque todas las acciones son permanentes y están ocurriendo en un espacio fuera del tiempo, que el hablante percibe como un presente inmutable. Incluso los verbos perfectivos, como saltar, salir, entrar, etc., que indican una acción finalizada, se conjugan en imperfecto, como si esos saltos, entradas y salidas duraran una eternidad en la memoria del soñador.

Cada lengua configura la realidad y divide el tiempo de manera distinta. En inglés, por ejemplo, no hay tiempos imperfectos y para expresar la idea de permanencia en el pasado es preciso recurrir a perífrasis como *used to*. En los idiomas donde el tiempo no se puede abolir, la experiencia del sueño se difumina al abrir los ojos. Nosotros, en cambio, hablamos y pensamos en una lengua que parece creada exprofeso para conjugar el tiempo suspendido del inconsciente. Por algo dijo Carlos V que el español es la mejor lengua para hablar con Dios. Más que un accidente gramatical, el uso del pretérito imperfecto en la narración de sueños parece un mensaje cifrado con que el genio del idioma quiere revelarnos algo, pues confirma la creencia, compartida por todas las religiones, de que el tiempo onírico es el único tiempo real.

Desde el principio del mundo, el hombre ha creído que el sueño es un puente para pasar del reino inferior, determinista y ciego donde vivimos, al hiperuniverso donde el tiempo no transcurre y el ser permanece inmóvil. Las antiguas y modernas técnicas de adivinación para descifrar los mensajes de esa esfera superior (la oniromancia, los oráculos, el psicoanálisis) han sido monopolizadas por sectas investidas con una autoridad científica o religiosa, que muchas veces han tiranizado a los soñadores. Al sujetar con grilletes la actividad más libre del espíritu, las sibilas y los terapeutas se apropiaron en exclusiva el derecho a traducir el lenguaje de los dioses. Si Lutero encabezó hace 500 años una revolución para permitir a los cristianos la libre interpretación de la Biblia, en el campo de los sueños haría falta otra Reforma, que concediera a la gente común el derecho a traducir el lenguaje onírico sin ayuda de ningún policía.

V

EN DEFENSA PROPIA

HEMBRISMO

Cualquier revolución victoriosa en el campo de las ideas o de las costumbres tiene que elegir entre dos caminos: asumir la victoria y ejercer el poder con responsabilidad o tratar de suprimir a la facción derrotada con el argumento de que su existencia pone en peligro las conquistas del movimiento. Quizá el acto más honesto de un revolucionario consista en reconocer el logro de sus metas, pues al hacerlo su lucha concluye, a menos que busque aferrarse al poder. Por el contrario, la estrategia de todos los rebeldes convertidos en dictadores consiste en inventar enemigos externos o internos, en imaginar conjuras y combatir fantasmas para dar la impresión de que la causa todavía enfrenta grandes obstáculos. Así han actuado, en los países del Primer Mundo, las vanguardias más recalcitrantes del feminismo, que a pesar de haber ganado la pelea en todos los campos de la vida social pretenden extirpar hasta el último vestigio de la cultura patriarcal y machista, con un ánimo vengativo que se acerca peligrosamente a la intolerancia.

Desde hace mucho tiempo, en Europa y Estados Unidos el feminismo pasó de la oposición al poder. Por méritos propios, la mujer está desplazando al hombre en el mercado laboral, ha cambiado a su favor el equilibrio de fuerzas en el seno de la familia y tiene un rendimiento escolar muy superior al de los varones. Ante su predominio en los trabajos que exigen inteligencia o destreza manual, muchos hombres empiezan a perder autoestima y se despeñan en el alcohol o las drogas.

Según datos recién publicados por Hutton Getty en *The Economist*, en 1997 las mujeres universitarias de Estados Unidos obtuvieron 30% más grados de maestría que los hombres, y el porcentaje de mujeres económicamente activas subió un 20% de 1973 a 2000, mientras el de varones con empleo se redujo un 2% en el mismo periodo. Como muchas madres divorciadas no pueden desatender el trabajo para cuidar a sus hijos, o se niegan a cargar con ellos al contraer un segundo matrimonio, en los últimos 10 años se ha incrementado en un 25% el número de padres solteros. Abundan las parejas en que la mujer trabaja y el hombre se dedica a las faenas domésticas, pero en ese aspecto el varón también está en desventaja, porque una mujer de hogar no escandaliza a nadie, pero los amos de casa padecen el estigma de ser unos mantenidos. El decaimiento del sexo masculino inspira compasión a las propias feministas. En una entrevista reciente, Doris Lessing declaró: "Me encuentro cada vez más perpleja ante el irreflexivo y automático vilipendio de los varones. Ya ni siquiera prestamos atención a este hecho porque forma parte de nuestra cultura. Los hombres parecen doblegados, no pueden regresar a la pelea y ya es tiempo de que lo hagan".

Ningún espíritu libre puede desear un retroceso en los derechos conquistados por el feminismo. Pero los abusos se vuelven norma cuando los simpatizantes de una causa dejan de señalar sus aberraciones. En el mundo académico, las feministas y los ideólogos de la heterodoxia sexual no se han conformado con predominar: quieren el poder absoluto, sin renunciar por ello a su lucrativo papel de opositores. Confundir el mérito cívico, real o ficticio, con el mérito intelectual es una grave prevaricación, en la que incurren a diario los apóstoles de la corrección política a la hora de otorgar plazas y grados académicos. Si el aspirante a un título hace una tesis insulsa, pero defiende a los travestis o a las tailandesas oprimidas, tiene asegurado el aplauso de los sinodales, que tal vez emplearon la misma táctica para ascender en el escalafón. En un sentido estricto, la academia radical no produce conocimientos, sino juicios morales. Por su proclividad al panfleto, los estudios fundados en las diferencias de género, ya de por sí limitados y estrechos de miras, se han convertido en una gran fábrica de chatarra.

Al propagarse fuera de las aulas, la dictadura del género empieza a cobrar tintes orwellianos. Como resultado de una ofensiva feminista, en Estados Unidos se ha vuelto casi obligatorio escribir *he or she* en todos los oficios, cartas y documentos que circulan en las oficinas públicas y privadas, cuando el sujeto de la oración es indeterminado. Para curarse en salud, algunos profesionistas optan por feminizar todos los sujetos neutros, sobre todo cuando se dirigen a una mujer. Se ha consumado así la igualdad gramatical entre los sexos, a costa de la economía lingüística. El inglés ahora es menos flexible, y quizás el español mexicano corra la misma suerte si el presidente Fox impone la moda de pluralizar en masculino y en femenino, como si el don de síntesis que la lengua tardó 1 000 años en adquirir fuera una obsoleta herencia machista. Las líderes del feminismo no necesitaban maltratar el inglés para defender sus conquistas, pues nadie se opone a ellas. ¿Qué han ganado entonces con esa quisquillosa reforma verbal? Lo mismo que los gobiernos del PRI cuando obligaban a las televisoras a cubrir en detalle las actividades más inocuas del señor presidente: refrendar su poder y obtener un triunfo psicológico sobre cualquier rival en potencia.

Hasta los dictadores más crueles respetan la integridad del adversario rendido. Las feministas, en cambio, no han mostrado ninguna clemencia con los varones domados y, después de hacerlos morder el polvo, ahora quieren reinventar la masculinidad. Para tal efecto han creado una disciplina encaminada a reeducar a los hombres que no pueden adaptarse a los nuevos tiempos. Los talleres de masculinidad ya funcionan en México y, a juzgar por los testimonios de sus pioneros, persiguen el noble propósito de transformar a los toros en bueyes. En su afán por cortar de raíz el machismo, las tijeras feministas se aprestan a cercenar nuestros más vulnerables defectos de fábrica. Desde el origen del mundo, las mujeres han moldeado el carácter masculino, y siempre me ha parecido que un macho cervecero y obtuso gana mucho con un toque de feminidad. Pero cada sexo tiene el derecho a definir su carácter como mejor le parezca. La decisión de no sobreactuar la hombría tiene que surgir de los propios varones, no de una reforma impuesta desde afuera. Cuando el machismo esté cercado por impedimentos legales y sociales, la personalidad masculina cambiará por sí sola, como ha ocurrido en los países ricos de Occidente. Pero las feministas creen que se puede reprogramar el cerebro del varón para ajustarlo a sus necesidades, como si la voluntad de poder y otros defectos de la naturaleza humana fueran una malformación exclusiva del carácter masculino.

Haber logrado la igualdad de los sexos ante la ley no fue una hazaña menor: gracias a la liberación femenina, el mundo es más habitable que hace 50 años, no sólo para las mujeres, sino para los hombres inteligentes. Pero ese gran adelanto, que ya empieza a modificar la vida de las clases pobres en el Tercer Mundo, puede crear nuevas formas de opresión si el feminismo degenera en hembrismo. En el fondo, las ultrafeministas sienten fascinación por los gestos autoritarios de la cultura machista, quizá porque hay demasiadas lesbianas infiltradas en el movimiento. Desde luego, ellas tienen los mismos derechos a hacerse oír que las mujeres heterosexuales, pero deberían delimitar mejor sus espacios de lucha, para no confundir a la opinión pública. Los hombres tenemos paciencia y hemos aceptado con resignación situaciones injustas, como el hecho de que los partidos políticos concedan a las mujeres una cuota preestablecida de curules y puestos públicos, tengan o no capacidad para desempeñarlos. Lo que no podemos aceptar es que Paquita la del Barrio siga hablando como víctima, después de habernos pateado en el suelo.

Sin ánimo de entrar en un torneo de mutuas descalificaciones con las lectoras que han expresado su desacuerdo con mi artículo "Hembrismo", quisiera precisar mejor mis ideas sobre un tema que apenas pude esbozar: la estrecha y no siempre afortunada vinculación entre el feminismo y la facción expansionista de la comunidad lésbica. Sin duda, las mujeres tienen una deuda con las luchadoras sociales lesbianas, pues muchas veces han estado a la vanguardia de su sexo en las batallas civiles del feminismo. El derecho a ganar el mismo salario que los hombres por el mismo trabajo, la penalización del hostigamiento sexual, el combate a la impunidad de los violadores son conquistas que han beneficiado a las mujeres en general, y las lesbianas involucradas en esas luchas merecen todo mi respeto. Pero en la pelea por la igualdad de los géneros, hay un punto crucial en que las feministas lesbianas no coinciden con las heterosexuales: la búsqueda de un mejor entendimiento erótico y afectivo con los varones.

Las mujeres atraídas por su propio sexo tienen bien claro que pueden prescindir de los hombres para alcanzar la felicidad amorosa. Esa elección es muy valiente y en una sociedad civilizada nunca debería ser objeto de persecución. Pero si las lesbianas quieren ampliar sus espacios de libertad, deberían abstenerse de intervenir en algo que no les incumbe: los conflictos y los placeres de la pareja heterosexual. Las lesbianas más lúcidas y sensibles respetan escrupulosamente esa regla de convivencia, pero es obvio que muchas ideólogas feministas empeñadas en marcar derroteros a sus camaradas tienen más interés en promover el lesbianismo como alternativa para escapar de la opresión masculina, que en buscar la felicidad de la mujer heterosexual.

Hacia esa dirección apunta el panfleto más exitoso del hembrismo militante: *Los monólogos de la vagina* de Eve Ensler (calificado como antimasculino y "feminazi" por la feminista Camille Paglia), que por su carácter universalista aspira a ser, ni más ni menos, el evangelio de la nueva condición femenina. De los ocho monólogos leídos por las actrices de la puesta en escena mexicana, sólo uno cuenta la historia de una mujer que alcanzó la dicha con un varón. Los demás son quejas, entre jocosas y amargas, de señoras que jamás se atrevieron a explorar su vagina (quizá por sufrir mal de Parkinson) o tuvieron una vida sexual insípida con sus maridos y descubrieron el orgasmo tardíamente, por lo común en brazos de otra mujer. La tesis de la pieza es un grito de independencia sexual: si nos siguen tratando mal en la cama, podemos prescindir del falo (curiosamente, la cómoda y popular opción de cambiar el falo inepto por otro eficaz no se menciona siquiera). Desde luego, las lesbianas pueden hacer felices a sus amantes, quizá con mayor frecuencia que los hombres, pero la mayoría de las mujeres —feministas o no— está buscando una relación más igualitaria y placentera con los varones. ¿Se puede formar un mosaico representativo de la vida sexual femenina pasando por alto este pequeño detalle?

Si las intelectuales lesbianas hicieran propaganda abierta en favor del amor sáfico, crearían obras picarescas muy disfrutables, pero a mi juicio cometen una adulteración al querer apropiarse la causa feminista para llevar agua a su molino de nixtamal. Un pícaro que no confiesa sus intenciones con saludable cinismo se vuelve un tartufo. Querer adueñarse de todas las vaginas es un hermoso ideal picaresco, ¿por qué adecentarlo con el hipócrita disfraz de la corrección política? Cuando las lesbianas embozadas proclaman el derecho de la mujer a gozar de su cuerpo con el tono de un predicador igualitario, y al mismo tiempo se apuntan como candidatas para sustituir al hombre, confunden la lucha de su facción con la de todo el sexo femenino, pero sobre todo, traicionan el espíritu de la comedia, que es buscar el verdadero móvil de la conducta humana. El deseo no persigue fines altruistas: sólo busca satisfacer un anhelo de posesión. Pero como Eve Ensler quiere colgarse medallas al mérito cívico, necesita buscarle justificaciones éticas al amor lésbico. Sus monólogos intentan demostrar que en un mundo con tantas mujeres vejadas por la rudeza o la mezquindad sexual de los machos, lamerle el clítoris a una amiga no es un impulso cachondo, sino un gesto humanitario.

El tartufismo de *Los monólogos* encubre un machismo de signo invertido. Como los charros cantores del viejo cine mexicano, las amazonas erigidas en portavoces de su sexo no pueden resistir la tentación de lanzar bravatas y desafíos al hombre que ven como rival, porque les disputa el amor de las mujeres. Entre las mujeres y los homosexuales masculinos también hay una disputa por el amor de los hombres, y sin embargo los gays tienen una actitud mucho más comprensiva hacia las mujeres. Salvo en algunos casos de misoginia aguda, el componente femenino de su carácter los inclina a sentir simpatía por la mujer, mientras que la virilidad lésbica es, por el contrario, un factor de distanciamiento con los varones. Por mi experiencia en el trato amistoso con lesbianas sé que esas barreras se pueden superar con facilidad. El problema es que muchas feministas de talante viril no advierten siquiera su fascinación por los gestos autoritarios de la cultura machista. Para ello necesitarían dos cosas que ningún fanático puede tener: autocrítica y sentido del humor.

PALABRERÍA INMORTAL

Desde la aparición de *Polígonos en la niebla,* su gran obra de juventud, que marcó un hito en la década de los cincuenta, el asedio de los reporteros culturales colocó a Horacio Ludlow frente a un grave dilema: ¿debía responder a tantas preguntas necias con vaguedades corteses o encerrarse en un mutismo de piedra? Como era tímido y mal improvisador (sólo conseguía arrancarle destellos al lenguaje después de un arduo esfuerzo mental), se exponía a balbucear sandeces en las entrevistas o, peor aún, a explicar lo que había querido sugerir. Tarde o temprano, las declaraciones públicas de un escritor pasaban a formar parte de su corpus literario y, cuando no estaban bien meditadas, podían introducir el caos en el reino de la armonía. Si había emprendido un retorno a las fuentes primigenias del lenguaje, si había desnudado la palabra de cualquier artificio retórico hasta alcanzar la quintaesencia adánica del verbo, ¿iba a estropear esa hazaña con declaraciones idiotas a los reporteros? Pero el aplauso de las elites no le bastaba: quería llegar al gran público o, al menos, ser conocido por un sector más amplio de la minoría ilustrada. De lo contrario dependería en exceso de los cenáculos intelectuales, llenos de envidiosos embozados que lo elogiaban de dientes para afuera, pero ya empezaban a meterle zancadillas. Necesitaba brillar con luz propia, aprovechar cualquier vitrina para ganar lectores, y con tal de lograrlo se resignó a balbucear ante los micrófonos una larga retahíla de opiniones torpes y desaliñadas que manchaban en mayor o menor grado la perfección de su obra.

Llegado a la madurez, cuando empezaba a probar las mieles de la fama, el pecadillo de haber añadido toneladas de basura oral a su refulgente palabra escrita dejó de causarle remordimientos. Había sido un acierto dar entrevistas: de lo contrario nunca hubiera llegado tan alto. Convertido en un escritor mediático, aparecía con frecuencia en programas de radio y televisión, donde opinaba con autoridad cantinflesca sobre cualquier tema. Le irritaba que los académicos franceses y estadounidenses bajaran esos dislates del internet y los reprodujeran en las tesis doctorales sobre su obra, dándoles casi la misma importancia que a sus mejores páginas. ¿Acaso no podían separar el oro del cobre? Pero si algún enemigo artero quisiera aprovecharse de esa hojarasca para denigrarlo, ahí estaba la impecable orfebrería de sus textos para cerrarle la boca.

A los 60 años, Ludlow ya era un clásico moderno embalsamado en vida. Traducido a una docena de lenguas, coleccionaba doctorados *honoris causa* y se codeaba con la elite intelectual del primer mundo. Paradójicamente, la mayor parte de la gente que lo admiraba sólo había leído alguna de sus entrevistas. Pero como el prestigio pesa tanto entre los esnobs, el público semiletrado creía que sus frases huecas y descoyuntadas eran apotegmas geniales, formulados en un lenguaje inaccesible al vulgo. En un vano intento por restarles importancia a sus declaraciones, a cada momento Ludlow negaba haber pronunciado las frases que le imputaban y remitía a los reporteros a su obra escrita, que, por supuesto, ninguno de ellos había hojeado siquiera. Pero ¿qué importaban las lagunas intelectuales de esos cretinos, si gracias a los medios ahora la gente le pedía autógrafos por la calle?

Eterno candidato al premio Nobel, en el año 2010, cuando ya era un venerable octogenario de barba blanca, la academia sueca por fin le hizo justicia. Vestido de frac, Ludlow iba subiendo al estrado, en medio de un alud de aclamaciones, cuando de pronto una pavorosa explosión atómica redujo a escombros el Konzertsaal de Estocolmo. El choque entre la civilización occidental y el fundamentalismo islámico, atizado por la proliferación y el abaratamiento de las armas nucleares, había llevado a la humanidad a un cataclismo universal que devastó incluso a los países escandinavos, tradicionalmente neutrales. Gracias a los refugios subterráneos, la especie humana se salvó de la extinción total, pero la guerra nuclear carbonizó en segundos el material inflamable de la biósfera, incluyendo, por supuesto, los libros de todas las bibliotecas públicas y privadas. La muerte física nunca intimidó a Horacio Ludlow, porque estaba seguro de haber creado una obra inmortal. Pero cuando el hongo atómico arrasó con todo, no había en el ciberespacio ninguna versión electrónica de sus libros: sólo sobrevivieron sus entrevistas completas, más de 6 300. Ávida de registrarlo todo, la humanidad había conservado en la red hasta la más inocua declaración de un escritor, pero apenas empezaba a formar un acervo de obras maestras cuando la hecatombe dejó al mundo sin libros y sin lectores. Los arqueólogos que siglos después intentaron trazar el itinerario de la literatura universal a partir de sus vestigios electrónicos nunca pudieron comprender por qué un insulso parlanchín como Ludlow había gozado de tanto renombre.

LA TESIS INTROVERTIDA

A veces el refinamiento literario y la torpeza discursiva llegan al mismo lugar por distintos caminos. A partir de Mallarmé, el tema predilecto de la poesía francesa es la propia creación poética, y desde que la antinovela renunció a contar historias, los narradores franceses se quedaron absortos en la contemplación de su propia escritura. Encerrada en sí misma, la literatura francesa pasó de la perfección al estancamiento, y ahora los jóvenes narradores (Emmanuel Carrère, Annie Ernaux, Michel Houellebecq, Marie Reddonet, entre otros) están volviendo a la fabulación y al relato autobiográfico, sin haber renunciado del todo a verse el ombligo. Para escribir un poema sobre la poesía o una novela sobre el arte de novelar se requiere sin duda un gran dominio del lenguaje, lo que explica la admirable destreza técnica de la literatura francesa. Pero a mi juicio, practicar la reflexión metaliteraria con tanta destreza es un desperdicio de energía creadora, pues cualquier aprendiz de redactor puede hacer algo parecido sin tener que fabricar un laberinto de sutilezas.

Me refiero por supuesto a los estudiantes que pergeñan tesis de licenciatura, maestría, o incluso de doctorado, exhibiendo un riguroso aparato metodológico, pero sin hacer ninguna aportación en su campo de estudio. Para la tecnocracia universitaria, una buena tesis no es la que dice algo nuevo o diferente sobre un tema específico, sino la que explica detalladamente cómo se desarrolló la investigación y cuáles fueron los parámetros utilizados para producir un conocimiento que jamás aparece por ningún lado. En la mayoría de las tesis, el cantinfleo académico da vueltas en círculo y presenta como conclusiones lo que en realidad son preámbulos. De este modo, la torpeza y la falta de ideas encierran al pasante en la misma cárcel que los grafógrafos franceses han elegido por voluntad propia, pues mientras ellos escriben que escriben, como el célebre personaje de Elizondo, el académico en ciernes se esmera en explicar cómo elaboró una tesis inexistente.

En realidad la culpa no es de los estudiantes, que siguen al pie de la letra las instrucciones de sus maestros, sino del mundillo académico, donde prevalece la idea de que la intuición y la audacia están bien para los artistas, pero en los estudios universitarios debe predominar la objetividad científica. Ese criterio de valoración, que premia la mediocridad e inhibe el espíritu crítico, ha propiciado el auge de la tesis introvertida, cuyo vacío conceptual se disimula con una factura impecable. Si la tesis no dice nada, pero esa nada es el fruto de un arduo razonamiento y la respalda una buena bibliografía, el autor aprueba su examen profesional con mención honorífica. Por el contrario, cuando los sinodales se enfrentan con un trabajo que dice algo, pero carece de metodología y respaldo bibliográfico, reprueban al autor por su falta de rigor académico. Gracias a esta discriminación del talento, en el área de letras casi siempre llegan al doctorado los macheteros pacientes y lerdos, mientras la gente mejor dotada se larga de la carrera al segundo semestre.

Si los criterios de excelencia académica fueran más racionales, los maestros universitarios deberían exigir que la metodología de una tesis quedara sepultada en los ficheros y el autor expusiera sus ideas —en caso de tenerlas— sin explicar cómo puso las varillas del edificio. Claro que entonces las tesis no excederían de 10 cuartillas, pero valen más 10 cuartillas sustanciales y bien escritas que 200 de circunloquios. Tampoco se puede imponer a los estudiantes un rígido modelo de argumentación, porque el trabajo intelectual muchas veces consiste en romper ataduras y saltase trancas. Pero en vez de ayudar a los jóvenes a ordenar sus ideas, el método se ha convertido en la piedra de toque de la excelencia académica, tal vez porque la burocracia universitaria necesita sobrestimarlo para conservar su poder.

Si se juzgara a los académicos por sus aportaciones, y no por su fidelidad a los métodos, las autoridades universitarias deberían admitir que la reflexión libre no está reñida con la excelencia. Pero entonces las mejores plazas serían para la gente más lúcida, y el principal objetivo del mundillo académico es cerrarle el paso a la inteligencia. Por eso le concede mayor importancia al seguimiento de un marco teórico que a las ideas mismas, y recompensa mejor a una hormiga laboriosa que a un ensayista brillante. Su sistema de autoprotección está diseñado para que ningún chispazo de creatividad interfiera con la lógica del ascenso escalafonario. Complaciente consigo misma, la meritocracia del saber descalifica o menosprecia a quien amenace con rebasarla, pero acoge con beneplácito a quien acepte sus reglas. A pesar de todo, algunos académicos todavía logran romper esa inercia y producir trabajos brillantes, pero son la excepción que confirma la regla. Mientras su influencia no se deje sentir en la comunidad universitaria, la palabrería de las tesis inocuas seguirá abarrotando el limbo de lo ilegible.

ROPERAZO LIBRESCO

La noble costumbre de regalar libros en las fiestas decembrinas, que mantiene con vida a la golpeada industria editorial y estrecha las amistades con el placer compartido de la lectura, debe ser protegida contra una falsificación perpetrada por el falso espíritu navideño: la extendida plaga del "roperazo", es decir, el regalo de libros que ya poseíamos de tiempo atrás y nunca nos interesaron, pero le asestamos al amigo o al conocido para no tener que gastar en un libro nuevo. Sólo en un país que ha enmarañado la hipocresía social con toda la filigrana del arte barroco puede hacerse pasar como un gesto amistoso la canallada de transferir un estorbo al librero de un ser querido. La víctima de un roperazo descubre enseguida la perfidia encubierta en el falso regalo y, sin embargo, debe agradecerlo como si fuera de buena ley, porque así lo manda la churrigueresca urbanidad mexicana. Pero en el fondo del alma incuba un rencor que se recrudece con la diaria contemplación del libro indeseable, más aborrecido cuanto menos espacio tenga en su biblioteca, y en convulsas noches de insomnio, con la febril excitación de Raskólnikov al planear el crimen de la prestamista, va fraguando la idea de regalárselo a otro infeliz en la próxima Navidad. Así se perpetúa el ciclo de la hostilidad obsequiosa, y el regalo repudiado por todos sus dueños cambia de manos en un peregrinaje sin fin, hasta acabar amarillento y deshojado en una librería de saldos, la fosa común de los desechos editoriales.

De tanto recibir roperazos librescos en cumpleaños y Nochebuenas he aprendido a distinguir los libros que llegan a mis manos con esa mancha de origen. En apariencia son iguales a los demás, pero por más nuevos y cuidados que estén, el desprecio de sus dueños originales les deja un rictus amargo, como la mirada brumosa de los hijos no deseados. Vi por primera vez el estigma de los libros malditos en los volúmenes sueltos de una vieja *Enciclopedia Quilis* que mi tío político Chucho Vargas nos regaló a mis hermanos y a mí en la remota Navidad de 1966, con la consabida fórmula: "Santa Claus vino a mi casa y me trajo esto para ustedes". Como Chucho ya nos había dado muestras de tacañería (la Navidad anterior desarmó unos viejos avioncitos Revel Lodella de la Segunda Guerra Mundial y nos los dio de regalo, metidos en cajas nuevas) examinamos los libros con desconfianza, y notamos de inmediato que tenían por lo menos 15 años de antigüedad. Según pudimos comprobar después, los había sacado de una vieja enciclopedia infantil empolvada en sus libreros, que ni siquiera tomó la precaución de esconder cuando fuimos a visitarlo.

Los roperazos del tío Chucho fueron mi primer vislumbre de la mezquindad humana, pero en ese tiempo creí que su jugarreta era irrepetible y única. Pasaron muchas Navidades, en la adolescencia contraje la pasión por los libros, y a partir de los 20 años mis mejores amigos fueron lectores tan voraces como yo. Entre personas con afinidades literarias, el roperazo es impracticable, pues los regalos o los intercambios de libros presuponen el entusiasmo y la recomendación implícita de quien los presta o regala. Por desgracia, en la edad adulta ni los ogros enemistados con el mundo podemos sustraernos del todo a las relaciones públicas, y al ampliarse nuestro círculo social nos llueven regalos de gente que aparenta estimarnos mucho, pero valora nuestra amistad en menos de 30 pesos (el precio de un humilde ejemplar de la colección Sepan Cuantos).

En el medio literario, los amigos de esa índole vienen y se van como las golondrinas, pero dejan las bibliotecas del prójimo llenas de cagarrutas. Entre ellas atesoro una elegante *Historia y leyenda del mazapán* con ilustraciones a color que me obsequió a sangre fría un joven colega invitado a cenar, y un *Anuario cultural del Metro 1998*, regalo de un célebre y admirado escritor que aprovechó mi cumpleaños para escombrar sus libreros. Las instituciones que publican lujosas memorias de actividades contribuyen a impulsar el flagelo del roperazo. Desde hace tiempo espero ser invitado al cumpleaños de un mal amigo para asestarle la crónica de fastos imperiales publicada por el Instituto de Cultura del D. F. durante la modesta administración de Alejandro Aura, pues no me atrevo a tirar a la basura un libro tan opulento. Para calcular cuánto cuesta el relumbrón de los funcionarios, se debe añadir al costo de estas memorias lo que el damnificado por el regalo gasta en almacenarlas.

Pero en México ningún donador altruista de libros se detiene a calcular su costo de almacenamiento, y por eso muchos libros regalados de buena fe nos causan los mismos inconvenientes que un roperazo. Los autores principiantes (o los que nunca terminan de serlo) acostumbran llegar a los cocteles con un morral lleno de libros para regalarlos a mansalva, sin advertir cuánto devalúan su trabajo al mendigar la atención de los lectores. El obsequio indiscriminado de libros no es la mejor estrategia para vencer la indiferencia del público: más bien consigue agravarla. Tanto los libros como las mujeres pierden categoría cuando no se dan a desear, y para ser codiciados primero tienen que despertar la curiosidad del lector, pues nadie aprecia un libro recibido a disgusto. Si la promesa de un placer intelectual no funciona como gancho para incitar a la lectura, mucho menos la exhortación a leer por misericordia.

Como el aparato cultural mexicano es una fábrica de espejismos, las editoriales del Estado muchas veces guardan en las bodegas el tiraje completo de las obras que publican, sobre todo en provincia, donde hay ciudades muy pobladas que ni siquiera tienen una buena librería (sólo papelerías donde se venden libros de texto). Para darle salida a ese material, los mecenas gubernamentales practican también el regalo masivo de libros, con los mismos resultados de los escritores mendicantes. En Villahermosa, al final de una mesa redonda celebrada en la bella y desierta biblioteca Julio Torri, el organizador del acto me regaló las obras completas en ocho tomos de una gloria local del periodismo político y, de pilón, una docena de libros de las jóvenes promesas tabasqueñas. Llevaba una maleta pequeña donde sólo cabía mi ropa y, como no tengo los brazos de Soraya Jiménez, intenté dejar el cargamento en la recámara del hotel. Pero el mismo funcionario que me había hecho el obsequio tuvo la maldita ocurrencia de venir por mí para llevarme al aeropuerto, y lo primero que hizo al verme fue preguntar por el paquete de libros. "Qué pena, los olvidé en el cuarto", dije muy compungido. Por instrucciones del funcionario, un botones fue a traer el fardo envuelto en papel de estraza y me lo tuve que echar en el lomo como un macehual de las letras. Media hora después intenté abandonarlo en el baño del aeropuerto, pero al observar mi sospechosa conducta, un policía alienado por el cine de Hollywood creyó que estaba dejando una bomba de tiempo y me llevó detenido al depósito de equipaje, donde fui sometido a un largo interrogatorio, mientras su compañero examinaba el paquete de libros con un aparato de rayos X. Con trabajos logré demostrar mi inocencia y desde entonces, resignado a la adversidad, consagro a la literatura tabasqueña una repisa entera de mis libreros.

Junto a la literatura para regalo de las instituciones dadivosas, pagada por los contribuyentes, hay otra clase de libros que sí tienen valor de cambio, como diría Marx, pero no el valor de uso propio de los bienes culturales: los exhibidos con moños y papel celofán en los mejores sitios de las librerías. A juzgar por los escaparates navideños de Sanborns, en México la gente acomodada prefiere regalar libros de arte lujosamente empastados, no necesariamente porque haya una gran afición a las artes plásticas, sino porque se ha puesto de moda exhibirlos en las mesas de centro, junto a los ceniceros y los platitos de la botana, en las casas donde la alta cultura cumple funciones decorativas. En mesas pequeñas, donde hay poco espacio para colocar vasos y servilletas, los libros de arte puestos como floreros estorban a las visitas, que suelen quemarlos con las colillas o mancharlos de grasa, pero esos contratiempos importan poco a quien los exhibe para darse taco, generalmente damas exquisitas que languidecen toda la tarde viendo telenovelas, pero cinco minutos antes de recibir a sus invitados apagan el televisor y se ponen a escuchar la quinta sinfonía de Mahler. Si las millonarias retratadas en *Ricas y famosas*, la célebre colección de fotografías de Daniela Rossell, tienen un gusto aristocrático educado en la diaria contemplación de las obras maestras, como sugieren sus mesas atiborradas de libros de arte, ¿por qué no pueden reconocer su propia vulgaridad? Mientras se reduce en forma alarmante el círculo de las personas que regalan libros para ser leídos y leen los libros que les obsequian, la zafiedad de las clases pudientes y las políticas editoriales destinadas a encubrir el desastre educativo están convirtiendo a México en el país de los libros ornamentales.

TIRANÍA DEL ÁLBUM FAMILIAR

Hasta la familia más desdichada enseña su álbum fotográfico a las visitas con una mezcla de satisfacción y alborozo. Mientras la señora de la casa recuerda entre suspiros las vacaciones o la fiesta de cumpleaños en que fue tomada cada instantánea, papá y los niños adoptan la misma sonrisa de felicidad que tenían al sacarse las fotos, como un grupo de actores contratados para anunciar una pasta de dientes. Para los miembros de la familia, el álbum es una especie de amuleto contra las miserias de la vida cotidiana, la demostración palmaria de que alguna vez la vida fue una fiesta. Para quien lo contempla obligado por las circunstancias es un instrumento de tortura. Por cortesía, cuando un amigo nos muestra las 80 fotos de la fiestecita en que su niño se disfrazó de Power Ranger, uno tiene que celebrar el carisma del nene, aunque en el fondo sienta ganas de estrangularlo. Todos hemos padecido este calvario, pero al bautizar un hijo o volver de un viaje por Europa donde tomamos 12 rollos de fotos anodinas, pasamos de víctimas a verdugos y le asestamos nuestro álbum a quien se deje. Lo peor es que nadie tiene conciencia de la agresión infligida al espectador de las fotos, y hasta nos parece que le concedemos un privilegio al dejarlo compartir nuestra intimidad.

Ver un álbum familiar ajeno es como hurgar en la ropa sucia de un extraño. Nadie debería martirizar así a sus visitas, porque los álbumes de fotos anodinas sólo tienen interés para la gente retratada en ellos. Pero cualquiera que toma la foto de un ser querido siente la urgencia de mostrarla en público y exige una aclamación. Virgilio Piñera, que tuvo el don de convertir sus fobias en fantasías, ridiculizó esta costumbre en uno de sus primeros cuentos, "El álbum", donde narra la tiránica influencia que una matrona habanera ejerce sobre los habitantes de una vecindad, a quienes obliga a formar una gran rueda en torno de la mecedora donde hojea su álbum de familia. Como la matrona describe las fotos de su boda con lujo de detalles, las sesiones pueden durar semanas o meses, y la gente que la rodea debe comer y defecar sin levantarse de la silla, pues la dueña del álbum no tolera ruidos ni deserciones. Pese a las incomodidades y a la mala visibilidad (el patio está lleno y muchos espectadores ni siquiera alcanzan a ver las fotos), ninguno protesta ni se retira, porque los invade un dulce sopor mientras van petrificándose en sus asientos. El glorioso pasado de la matrona poco a poco difumina la realidad y lo que al principio parecía un infierno acaba resultando una placentera ataraxia: "La felicidad de aquella gente era absoluta —observa Piñera— y ni la más categórica reparación social los habría satisfecho tanto como las explicaciones de la señora".

En una de las posibles lecturas del cuento, la metáfora del álbum familiar refleja en alto contraste la propensión del hombre a vivir muriendo. La patología de los personajes no está reñida con la realidad, porque en algunos casos, el álbum fotográfico se apropia de la familia que lo atesora y le impone sus reglas. Muchos turistas no disfrutan sus vacaciones por la obsesión de sacarse fotos en todo momento y lugar. Más que disfrutar el viaje les importa dejar un testimonio de la felicidad que nunca experimentaron. Cuando se toman la foto piensan en el futuro, cuando la contemplan en el álbum fotográfico vuelven al pasado, pero nunca están vivos en el presente. Su felicidad es como una transparencia fuera de foco, pues aunque el álbum fotográfico pretende ser un monumento a la vida, en realidad representa su temor a confrontarse con ella. De ahí el sopor y la osificación en que van cayendo los personajes de

Piñera, arrullados por el sonsonete de una mujer que existió por ellos.

"La vida, ¿cuándo fue de veras nuestra?", se pregunta Octavio Paz en *Piedra de sol*. En la época de los camarógrafos rapaces y los hombres videotizados, su pregunta ha cobrado un nuevo significado. Con el nacimiento de la fotografía, el viejo anhelo de apresar el instante dejó de ser un sueño imposible de los poetas románticos. Pero el tiempo que no fluye se pudre, y cada momento arrebatado al olvido es como una muerte parcial, un sacrificio de la sensación presente en aras del recuerdo futuro. En *La invención de Morel*, Bioy Casares contempló la posibilidad de congelar en imágenes las horas más felices de un idilio amoroso. Con la irrupción de la realidad virtual, su novela ya está resultando profética, pero en lugar de la felicidad eterna que Bioy imaginó para sus amantes, la tecnología está creando una cárcel o un laberinto de imágenes del que muchos ya no quieren salir. El álbum fotográfico fue la forma primaria y más inocente de esa enajenación, que amenaza con sumir al hombre en un letargo masivo.

VI

TRANSGRESORES DE OFICIO

MEDIOCRIDAD SUBVERSIVA

Desde los dandis hasta los yonquis, los transgresores más radicales de la moral judeocristiana han concebido el pecado como una búsqueda existencial. Creyente en la virtud poética del pecado, la madre de Oscar Wilde aconsejó a su hijo que pecara con total libertad y nunca se arrepintiera de nada. Wilde la obedeció a medias, pues llegado a la madurez se arrepintió de su soberbia y hasta cierto punto buscó la cárcel como una forma de expiación. Pero en sus años de provocador, cuando lanzaba dardos envenenados a la sociedad que lo colmaba de honores, elevó el pecado a la categoría de necesidad social:

> Lo que se llama pecado es un elemento básico de progreso —escribió en *El alma del hombre bajo el socialismo*—. Al rechazar las normas corrientes de moralidad, el pecado instaura una ética superior y enriquece las experiencias de la raza humana. El pecado es más útil al hombre que la continencia, porque no reprime al ser: lo expresa. Cuando llegue el día de la verdadera cultura, pecar será imposible, pues el alma convertirá lo que para el común de la gente sería innoble o vergonzoso en una experiencia más rica, una sensibilidad más fina y un nuevo modo de pensar. ¿Esto es peligroso? Claro que sí, todas las ideas lo son.

Al negar la noción de pecado, Wilde abonó el terreno para el movimiento surrealista, que trató de fundar una ética superior sobre las ruinas de la corrompida moral burguesa. Desde que los surrealistas proclamaron el derecho de la imaginación a pasar por encima de cualquier impedimento moral o social, la modernidad se enfrenta con un dilema difícil de resolver, que hasta ahora no ha tenido respuestas satisfactorias: ¿cómo se puede aplaudir la transgresión en todas sus formas y al mismo tiempo constreñirla a un plano imaginario? Si la práctica de la tortura horroriza a la mayoría de los intelectuales, ¿por qué leen con fruición y morbo al Marqués de Sade? ¿No es una cobardía aprobar el incesto en una película y condenarlo en la vida real? ¿La mayor conquista del mundo civilizado consiste en abrir un abismo cada vez más grande entre las palabras y los actos?

Los surrealistas no toleraban restricción alguna en el acto creador, ni siquiera las de su propia conciencia, pero evitaban divulgar sus principios más allá de un pequeño círculo de iniciados, pues creían que el público masivo no estaba capacitado para entender, por ejemplo, que el acto surrealista por excelencia consistía en disparar a la multitud desde una azotea. En cuanto a la transgresión sexual, preferían mantenerla en un coto cerrado. En una entrevista con José de la Colina y Tomás Pérez Turrent, Luis Buñuel confesó que aprobaba la pornografía "siempre y cuando fuera en capilla secreta, como sucedía antes", pero detestaba en cambio la divulgación y la moda de la pornografía, porque trivializaba el erotismo. "¿Pero esto no es una idea elitista?", le hizo ver De la Colina. "Es posible, lo acepto", admitió Buñuel" (*Prohibido asomarse al interior*, Imcine, 1996).

Como los nobles depravados del siglo XVII, pero con ideales más nobles, los surrealistas fueron una minoría transgresora que trató de ejercer una tutela paternalista sobre la masa. Vestigio de un elitismo agotado y caduco, esa tutela perdió su razón de ser cuando el movimiento contracultural de los años sesenta convirtió la transgresión en industria. Desde entonces, millones de personas han querido abolir las fronteras entre la realidad y el deseo, entre lo vivido y lo imaginado, aun a costa de exponerse a una sanción social o de reventarse el cerebro. *Grosso modo* se podría dividir el siglo xx en dos grandes etapas: el periodo de la subversión imaginaria, en que los artistas desafiaron de palabra la moral burguesa y encontraron nuevos derroteros para el espíritu, y el periodo de la subversión activa, iniciada en la década de los cincuenta, cuando los jóvenes rebeldes transforman el credo estético de las vanguardias en experiencia vital.

Mientras los surrealistas escandalizaban a la sociedad con sus obras, sin pasar casi nunca del sueño a la acción, la generación *beat* liberó el inconsciente en la práctica. "En la imaginación yo puedo llegar al incesto —decía Buñuel—, pero como ser social y en frío, mi sentido moral me lo impide." Los *beats* no se privaron de realizar ninguna fantasía sexual, ni de experimentar con ninguna droga, aunque su avidez de experiencias muchas veces los condujo a la cárcel o al manicomio. Con esto no quiero decir, por supuesto, que los *beats* hayan sido superiores a los surrealistas, ni que la valía de un artista deba medirse por su desenfreno sexual o su compulsión autodestructiva. Una imaginación poderosa no necesita llegar a experiencias límite para subvertir las normas convencionales del arte y del pensamiento. Si la figura del intelectual comprometido va cayendo en desuso, el mito del artista bohemio también está en crisis, al punto de que hoy día los seguidores mexicanos de Charles Bukowski son los mejores publicistas de la sobriedad y la monogamia.

Aunque la transgresión va ganando terreno en el mundo moderno, y en algunos campos de la cultura ocupa un lugar hegemónico, cada día es más difícil imprimirle un sello personal. En esto Wilde se equivocó, pues el surgimiento de una contracultura barata y la masificación del estilo de vida alternativo han demostrado que el pecado también puede propiciar la uniformidad y la monotonía. Los cartabones de conducta del gueto homosexual constriñen la personalidad en lugar de ensancharla, porque transforman al hombre en tipo (la mayoría de locas, salvo honrosas excepciones, son caricaturas hechas en serie). La mota no proporciona "una sensibilidad más fina", pero sí la ilusión de poseerla, como lo indica su vasto consumo en el ámbito de la bohemia intelectual. La mayoría de los pachecos que he conocido se sintieron en algún momento pintores, filósofos o poetas. La droga era parte del uniforme que les gustaba llevar para sentirse diferentes y subversivos. Toda protesta corre el riesgo de convertirse en un gesto vacío de significado, en una rabieta nihilista, y en los sótanos de la cultura marginal hay una marcada tendencia a creer que hasta la provocación más inocua y simplona tiene un alto valor artístico. Para colmo, los más mediocres exponentes de la contracultura suelen tener una gran avidez de poder cultural y muchas veces convierten sus cánones en dogmas inapelables, como ha ocurrido, por ejemplo, en el campo de las artes plásticas, donde la falta de rigor de los artistas conceptuales está llegando a extremos de farsa.

La subversión moral no es un timbre de gloria que nos distingue frente al resto de los mortales, sino una forma de sacarle jugo a la vida. Convertirla en una moda prestigiosa equivale a pecar contra el pecado, pues el transgresor que actúa en esa forma se traiciona a sí mismo por partida doble: como artista y como buscador de placer. Cuando profetizó la abolición del pecado, Wilde pensaba en un mundo de estetas que abrevarían en manantiales prohibidos para enriquecer la variedad de sus experiencias. Pero a finales del siglo XX, la revuelta individualista de los dandis se ha convertido en una claudicación masiva, pues la verdadera marginalidad y la verdadera individualidad son incompatibles con el borreguismo.

INDUCCIÓN A LA SANTIDAD

Para los jóvenes rebeldes de los sesenta, las drogas eran una vía de acceso a lo sagrado, o cuando menos una manera de vislumbrar los arquetipos grabados a fuego lento en el inconsciente colectivo. Los ritos de iniciación prescritos por Carlos Castaneda y Timothy Leary crearon la ilusión de que el éxtasis místico se había democratizado. Con ayuda de un ácido o un churro de marihuana, cualquier aprendiz de chamán podía hacerse la ilusión de penetrar los misterios divinos sin tener que someterse a un largo proceso de purificación interior, como los monjes tibetanos o los brujos tarahumaras. Algunos pachecos tenaces de aquella generación se aferran todavía a las enseñanzas de don Juan y no han dejado de confundir los alucines psicodélicos con las visiones místicas. Pero la búsqueda espiritual cayó en desuso y los viajes de peyote han sido reemplazados por la coca, el éxtasis, el cristal y otras sustancias que prolongan estados de euforia o estupefacción, sin aflojar las ataduras del alma.

Encadenada a la realidad, la juventud del siglo XXI ya no se quema las neuronas para entrever la Luz Primordial: sólo quiere vivir de prisa y tener sensaciones fuertes. Sin embargo, y a pesar del hedonismo predominante, el consumo de drogas tiene ahora grandes afinidades con las prácticas más devotas de la religión católica, pues las nuevas drogas sintéticas mortifican el cuerpo y anulan la voluntad de una manera tan eficaz, que los carmelitas descalzos hubiesen cambiado con gusto los cilicios o los ayunos por ese "camino de perfección", que satura al pecador de goces terrenales para mejor inculcarle el amor a la muerte.

Tarde o temprano, en el declive de un yonqui o de un cocainómano llega un momento en que los sufrimientos físicos y morales superan con creces a los deleites de la evasión. El desafío existencial del hedonista se transforma entonces en fatalismo y su búsqueda de placer en inercia suicida. El renunciamiento al bienestar y a los placeres del mundo que viene aparejado con ese cambio es una modalidad profana de la ascesis mística. Con palabras que hacen pensar en los efectos de la heroína, Santa Teresa refiere que al conquistar la Morada Séptima, las almas colmadas por el divino amor experimentan "un olvido de sí, un deseo de padecer grande, un gran gozo interior cuando son perseguidas, un desasimiento grande de todo y un deseo de estar siempre a solas". Los perseguidores de los iluminados eran los confesores incrédulos que atribuían a vanidad o soberbia sus arrebatos, persecución comparable al acoso policiaco que sufren hoy en día los mártires de la euforia inducida. Sin ese ingrediente de aventura, la drogadicción perdería gran parte de su atractivo para los jóvenes inconformes. Lo mismo sucedía en el siglo XVI, cuando el riesgo de caer en las garras del Santo Oficio era un acicate para los adictos a Jesucristo.

Pero el principal punto de coincidencia entre la santidad y la drogadicción es el afán consciente y gozoso de aniquilar la salud. Cuando Santa Teresa empezaba a erigir su "castillo interior", suspendió las penitencias corporales por temor a enfermarse de gravedad. Más tarde comprendió que esos temores le habían sido dictados por el demonio y se trazó un proyecto de vida: "No he menester descanso sino cruz". Su ejemplo a seguir era fray Pedro de Alcántara, un santo varón enemigo de cualquier gratificación sensual, que al morir pesaba 40 kilos. Alcántara se infligía la pena de dormir parado una hora por noche, mantenía la vista fija en el suelo para no mirar a los frailes de su convento, se perforaba el abdomen con un cilicio de hojalata y en invierno sólo vestía un ligero sayal, con la secreta esperanza de pescar una pulmonía. Los santos narcotizados han añadido a las penitencias de Alcántara una fuerte dosis de angustia. En un documental televisivo, el líder del grupo The Mamas and The Papas reveló hace unos meses que en sus épocas de mayor desenfreno llegó a inyectarse cocaína en la yugular cada 20 minutos. Si después de cada inyección hubiera rezado en silencio frente a un crucifijo, el sacrificio quizá le hubiera valido la gloria eterna.

A principios de los setenta, la meta dorada de los adolescentes macizos era seguir los pasos de Jimmy Hendrix, Jim Morrison, Janis Joplin y otros rockeros muertos de sobredosis, como ahora los *darkies* sueñan con emular al quebradizo Kurt Cobain. El culto a los héroes caídos presuponía que un verdadero rebelde, si de veras tenía pantalones, debía beber el cáliz de la subversión hasta sus últimas consecuencias. Cuatro siglos antes, los místicos españoles profesaron una devoción análoga por los mártires de su fe. Fascinada por las vidas de santos, cuando era niña Santa Teresa jugaba con su hermano a los misioneros degollados y anhelaba ir a tierra de moros cuando fuera grande, "deseando con fervor que allí la descabezasen". A la luz de estas similitudes, no es fácil discernir si la drogadicción cuestiona o reafirma los valores de la moral judeocristiana. Cualquier chavo que se inicia en el *crack* o en las tachas cree que el consumo de drogas es un repudio al orden establecido y una manera de socavar la moral de las prohibiciones. Lo paradójico de su atentado sacrílego es que al perder la voluntad y desear el dolor, se obliga a recorrer el mismo calvario que siguieron los paladines de esa moral.

HÉROES DE LA OBSCENIDAD

En fecha reciente se han estrenado en México dos películas de calidad muy dispar que tienen la misma tesis de fondo: *El escándalo de Larry Flint*, donde Milos Forman relata con penetrante malicia la vida crapulesca y los enredos legales del dueño de la revista *Penthouse*, y la mediocre *Partes privadas*, autobiografía del locutor Howard Stern, el niño terrible de la radio estadounidense, que gracias a su completa desfachatez logró convertirse en la máxima figura de la NBC, la cadena radial más importante de Estados Unidos. Promotores de una embestida generacional contra la noción de buen gusto, tanto Flint como Stern han utilizado la libertad de expresión como bandera para abrir nichos de mercado, pues mientras el editor pornográfico llegó a formar un imperio editorial gracias a las vulvas abiertas de sus modelos, Stern cautivó al auditorio neoyorquino describiendo los abortos de su mujer o tirándose pedos ante el micrófono. Marginales a pesar de su fama, ninguno de los dos personajes asistirá jamás a una cena de gala en la Casa Blanca (Flint ni siquiera fue invitado a la entrega del Oscar), pero su trayectoria profesional tampoco resulta cómoda para quienes entienden la contracultura como una vía de acceso a la santidad.

Ni Flint ni Stern pueden ser catalogados como ovejas negras de la contracultura, porque la contracultura siempre ha querido ser una oveja negra. Más bien son un ejemplo de lo que sucede cuando la subversión mediocre y gamberra toma el

poder en los medios de comunicación. En México la contracultura es un movimiento de vanguardia opuesto a la economía de mercado, pues el mismo sector de la sociedad que lucha
por ampliar las libertades civiles combate enérgicamente la
mercadotecnia editorial, radiofónica y televisiva. En Estados
Unidos no sucede así, porque allá la mercadotecnia es enemiga
del arte, pero no de las libertades públicas. Como lo demuestra
la carrera de Howard Stern, en su afán por ganar dinero, los
dueños de la NBC han llegado a tal abismo de indignidad que
no les importa sostener en el aire a quien los insulta, siempre y
cuando sus programas tengan altos niveles de audiencia. Quizá
las innovaciones de Stern hayan provocado en el auditorio una
sana catarsis y representen un avance importante respecto a la
radio convencional, pero tuvo que ser un vulgar mercachifle
para alcanzar esos fines altruistas. Larry Flint ni siquiera tiene
coartadas humanitarias: siempre se ha considerado un editor
de basura, pero su biografía es la historia de una conquista social, aunque esa conquista haya tenido un origen espurio. Si
ambos personajes hubieran sido idealistas y puros, como se
supone que deben ser los luchadores civiles, nunca hubieran
logrado ensanchar las libertades públicas en sus respectivos
campos de acción.

La contracultura nació como un movimiento libertario en
los terrenos del arte y los derechos civiles, pero las vanguardias
que estuvieron aglutinadas por un objetivo común ahora persiguen fines contradictorios. La lucha contra la censura, que
las unió durante mucho tiempo, ha pasado a segundo plano
en los países donde hay una permisividad absoluta. En los
años cincuenta, cuando las novelas de Henry Miller circulaban
clandestinamente en Estados Unidos, se creía con razón que
el decoro burgués era un corsé para la novela moderna. A finales del siglo XX, vencidas todas las barreras para la libre difusión
de obscenidades, empezamos a vislumbrar el peligro contrario,
es decir, que la obscenidad gratuita y reiterativa empobrezca
la literatura. Los medios de comunicación han evolucionado

con mayor velocidad aún. Hace algunas décadas era impensable que un locutor imitara los ruidos de un *cunnilingus*, como lo hace Howard Stern para regocijo de su inmenso auditorio. El riesgo es que la innovación de Stern degenere en fórmula, y en el futuro cercano los programas de radio se conviertan en un ágora para expeler deyecciones verbales, como las paredes de los excusados públicos.

Algo parecido está ocurriendo con las palabras altisonantes. En la primera mitad de este siglo, los novelistas irreverentes pensaban que hacía falta llamar a las cosas por su nombre para combatir la hipocresía de la sociedad burguesa. En este campo la contracultura también ha tomado el poder, porque si en los años treinta emplear un lenguaje ríspido significaba romper con la moral dominante y abrir ventanas a los espíritus libres, ahora puede ser un camino hacia el éxito comercial, porque el antiguo desafío a las normas establecidas se ha vuelto un recurso barato para complacer a la masa, como sucede con las canciones de Molotov y otros grupos de rock seudomarginal que prodigan las palabrotas a tontas y a locas. El mercado puede aceptar la revolución de las costumbres hasta convertir en norma lo que antes era una conducta heterodoxa. Pero la heterodoxia también puede caer en la repetición mecánica y ramplona, como lo demuestra la programación de la cadena MTV. Para combatir esta nueva ola de imbecilidad, la contracultura no debería proponerse recuperar la pureza que nunca tuvo, sino ejercer la autocrítica con mayor lucidez.

TRIVIALIDAD SURREALISTA

Los padres del surrealismo simpatizaban con las luchas de la clase obrera, pero evitaban acercarse al público masivo, pues temían que la multitud ignorante no los comprendiera. André Breton creía que las ideas triunfantes corren siempre a su ruina, y por ello procuró mantener al movimiento surrealista dentro de un coto cerrado, exigiendo a sus miembros una asepsia moral que para muchos resultó insoportable. Sin embargo, los escándalos atrajeron la atención sobre el grupo y ni siquiera Breton pudo escapar a la publicidad, pues a finales de los años veinte los carteles con su retrato ya tapizaban las vitrinas del Boulevard Raspail. En su *Manifiesto* de 1924, Breton predijo que la trivialidad surrealista no tardaría en llegar, y en una entrevista de los años cuarenta, cuando los hallazgos del surrealismo ya empezaban a ser explotados por los modistos y los redactores de eslóganes, propuso "una resistencia individual, fundada en el principio de que una aventura artística sólo tiene validez cuando se propone la emancipación espiritual del hombre".

Fallecido en 1966, Breton sólo alcanzó a entrever la masificación del surrealismo en los medios audiovisuales, que se inicia con la psicodelia de los años sesenta y ha llegado a su apogeo en la década actual, cuando la industria del videoclip hipnotiza a millones de teleadictos con un diluvio de imágenes delirantes. Ningún canal de los llamados "culturales" ha difundido la doctrina del automatismo psíquico y la metáfora irracional con tanto empeño como la cadena MTV, donde todo parece brotar del inconsciente, desde las letras de las canciones hasta las cortinillas con el logo de la estación. Aunque la mayoría de los jóvenes videoastas creen haber inventado el hilo negro, algunos rinden homenaje a sus precursores. En un video de Madonna cuyo título no pude retener aparecen unas siluetas fantasmales con cabeza en forma de espejo que sin duda fueron calcadas de *Los amantes*, la tela más famosa de Remedios Varo. El video "The Perfect Drug" del grupo Nine Inch Nails reproduce las tonalidades y las atmósferas de Magritte, mientras que los videoastas mexicanos han reciclado las películas de Buñuel para ilustrar visualmente canciones de grupos como Café Tacuba y Los Estrambóticos. El vagón del metro del video "Camino a ninguna parte", tripulado por la fauna más pintoresca de la ciudad, se asemeja al exuberante camión de *Subida al cielo*, donde también reinaba un ambiente de carnaval. En el video de "No controles", las tomas de reses electrocutadas me recordaron la secuencia de *El bruto* en que un matarife del rastro degüella cerdos ante una imagen de Guadalupe. Me limito a enumerar los fusilamientos que he detectado en mis ratos de ocio, pero un fanático del videoclip seguramente alargaría la lista de homenajes y profanaciones hasta llenar varias páginas.

Quienes deploran la transformación del arte en un producto de masas argumentan que los televidentes no pueden comprender la simbología surrealista, por desconocer los postulados del movimiento y el lugar que ocupa en la historia del arte. Yo pienso lo contrario: el público masivo no tiene la información necesaria para interpretar el arte de vanguardia, pero los surrealistas más puros negaron siempre que sus imágenes pudieran ser comprendidas. "En lugar de tratar de explicarse mis imágenes, deberían aceptarlas como son", se quejó Buñuel ante una rueda de críticos, abrumado por los exégetas que buscaban significados ocultos hasta en la escena más inocua de sus películas: "¿Me repugnan, me conmueven, me atraen? Con eso les debería bastar". El espectador promedio de videoclips carece de espíritu crítico, pero eso no lo invalida como receptor intuitivo y sensible. Para Buñuel o Breton, un espectador ingenuo era preferible a uno prejuiciado, porque el propósito fundamental del surrealismo fue anular el espíritu crítico, lo mismo en la creación poética que en la expresión plástica. Desde esa perspectiva, los jóvenes alérgicos a la lectura que se acuestan a ver videoclips con la mente en blanco, sin contaminar su espontaneidad con ideas preconcebidas, serían el público idóneo para disfrutar un arte que apela a las intuiciones y desconfía de la inteligencia.

No es la masificación lo que ha trivializado al surrealismo, sino el bombardeo constante de imágenes perturbadoras o demenciales que pierden toda su fuerza al encimarse unas con otras. El fin del milenio es la época de lo maravilloso convertido en rutina, de la sorpresa repetida que aturde y satura el cerebro. Todos los directores de videoclips buscan deslumbrar al público, pero la sobreoferta de extravagancias provoca mareo en lugar de asombro. Los delirios surrealistas de Buñuel resaltan más en sus películas convencionales del ciclo mexicano que en las cintas donde trabajó con total libertad. Es imposible llenar 24 horas de programación con visiones fantasmagóricas, porque el espectador necesita un respiro para apreciarlas. Si los autores de videoclips no dosifican sus alucines, lo que originalmente fue un movimiento para liberar la imaginación puede volverse una cárcel.

EL HEROÍSMO DE LA EXPRESIÓN

En el siglo XIX, los árbitros del gusto concedían un alto valor estético al esfuerzo del artista y pensaban que el talento sólo emergía al exterior si lograba materializarse en una obra. Para Balzac, la gestación era la parte más placentera de la creación, pero lo que más apreciaba en un artista era su capacidad de trabajo. "Pensar, soñar, concebir obras bellas —declara en *La prima Bette*— es una ocupación deliciosa, como fumar cigarros encantados, pero producir, dar a luz, criar laboriosamente al niño, vestirlo cien veces con la ropa que desgarra sin cesar, todo ello exige un temple y una disciplina como las del minero que horada la roca." El arte conceptual de nuestros días propone justamente lo contrario, pues ya no concede importancia a la realización de la obra, sino al proyecto irrealizable que según los enterados tiene valor en sí mismo. Aunque la inspiración parece haber recobrado la primacía sobre el oficio plástico y literario, la tendencia a romper el vínculo del arte con el esfuerzo mental y físico no es un regreso al romanticismo, porque el romanticismo se proponía transmitir emociones, mientras que el arte conceptual, como su nombre lo indica, supedita la emoción a la reflexión. Hasta cierto punto, las corrientes más sofisticadas y quizá más fraudulentas del arte moderno son una mofa a lo que los románticos llamaban "el heroísmo de la expresión". Pero también representan una victoria parcial y momentánea de la razón sobre el sentimiento, pues exigen que el espectador entienda el concepto en vez de experimentar placer o rechazo.

En el volumen de ensayos *La castración mental* (Aldus, 1996), el poeta Bernard Noël ha retomado las metáforas paternales de Balzac para censurar el encumbramiento del arte conceptual: "El arte conjuga los apetitos complementarios de supervivencia por medio de la reproducción y de salvación por medio del sentido —afirma—, fijándolos en una obra que genera presencia al entrar en contacto con la vista". El arte conceptual no satisface este anhelo, porque "reemplaza el riesgo de la expresión por el cinismo de una forma vacía" y su gran aceptación entre los ministros de cultura, tradicionalmente adeptos al arte decorativo, "no se debe a un progreso sorprendente, sino al gusto oficial por las máquinas que neutralizan todo". Según Noël, la coalición de galeristas, museos y comisiones burocráticas que en la actualidad determina el rumbo del arte moderno en Francia pretende sustituir las obras por entelequias, valiéndose del poder seductor que la moda ejerce sobre los incautos. ¿Pero quién sería el beneficiado con esto, si de todos modos el negocio ya era redondo con las obras tangibles?

En mi opinión, lo que busca el *establishment* al negar el papel del esfuerzo en la creación artística es derrumbar el último bastión espiritual que separa al arte de la especulación financiera. Frente a la aristocracia del dinero ha existido siempre una aristocracia del trabajo, formada por la gente que demuestra con hechos su potencial creativo. Aunque el arte se haya convertido en una mercancía de lujo, toda obra notable recuerda a quien la posee que la capacidad de crear no se compra en ningún mercado. Por representar una escala de valores opuesta a la del dinero, el arte concreto y visible probablemente resulte incómodo para una elite enferma de soberbia que tiende a confundir el tener con el ser. Al valorar el impulso creador por encima de la creación, el gran capital ha resucitado la figura del genio indolente y pasivo que sólo necesita su inspiración para sacar prodigios de la nada. Pero como los vendedores de conceptos no dejan huellas de su talento, el aparente homenaje a los poderes mágicos del artista en realidad tiende a nulificarlo.

Desde los tiempos en que los doblones de oro se guardaban bajo la cama hasta la época de las tarjetas de crédito, el dinero ha sufrido una progresiva pérdida de sustancia. Quienes antes poseían tesoros voluminosos ahora sólo reciben estados de cuenta, y en el futuro quizás existirán tarjetas ultrasensibles en que la firma será sustituida por la mirada o el tacto. El arte moderno ha evolucionado en la misma dirección, como si tratara de reflejar la propensión de sus compradores a ostentar la riqueza con signos abstractos. En el plano estético, la obra conceptual desempeña la misma función que el cheque o la tarjeta de crédito en el mundo de las finanzas: no vale nada sin el discurso que la respalda, equivalente a los fondos de una cuenta bancaria. La evaporación paralela del dinero y del arte aleja al artista de su mundo natural, el mundo del trabajo, y lo acerca al universo de los grandes magnates, que llegan a sentirse dioses por haber olvidado el tintineo del dinero. Pero como en el juego de serpientes y escaleras, el ascenso a la cumbre es el preludio de una caída, porque al perder su capacidad expresiva —el único fruto del esfuerzo humano que nos acerca a los dioses—, el genio elevado a las regiones etéreas de la abstracción cae por abajo de un modesto alfarero con las manos manchadas de barro.

FAMILIAS ALTERNATIVAS

Los comités de salud pública que en los últimos meses han recolectado firmas para exigir la prohibición de *Los Simpson*, *El diario de la noche*, *Íntimamente Shanik* y otras emisiones "promotoras de antivalores" esgrimen como argumento moral que todo programa de televisión debería verse sin sobresaltos en una reunión familiar. Su protesta implica una condena de las diversiones solitarias, fundada en la creencia de que la familia es un sistema penitenciario donde cada preso actúa como celador de sí mismo. Nadie debe tener secretos, nadie debe ocultarle nada al resto del clan, porque si alguien empezara a pensar por su cuenta se pondría en peligro la paz del hogar. De manera que el objetivo de la cruzada no es sólo proteger a los niños contra las imágenes de violencia y obscenidad, sino ejercer sobre los mayores una tutela paternalista.

La tentativa no es nueva, porque muchos gobiernos autoritarios la practicaron con éxito en el pasado. En tiempos de Franco, el cine para familias llegó al extremo de producir una estrella como Joselito, el bonsái de la farándula a quien los productores nunca dejaron crecer. Figura emblemática de una dictadura que negaba la mayoría de edad a su pueblo, la sociedad española veía en la inocencia forzada de Joselito un símbolo de su propio sojuzgamiento. Por lo general, cuando la vida hogareña se vuelve asfixiante desencadena brotes de terrorismo que buscan dinamitar a la familia desde sus cimientos. Del odio a la institución familiar surgen todas las corrientes decadentistas del arte occidental, desde la poesía de Baudelaire hasta el black metal de Marilyn Manson. Los represores de ayer y de hoy han prestado un gran servicio a la cultura universal, porque gracias a ellos la transgresión conserva el sabor agridulce de la herejía. Sin embargo, los poetas malditos y los rockeros que se ufanan de tener pacto con el diablo no representan ninguna amenaza para las fuerzas del orden, pues al crear un clima de terror fortalecen la odiosa moral de las prohibiciones. En éste como en otros campos, la subversión más eficaz es la que no se propone demoler una institución, sino adaptarla a los tiempos modernos. En los géneros de entretenimiento, la ofensiva mejor planeada contra la familia conservadora se produjo en los años sesenta, cuando los creadores de series televisivas lograron reducir al absurdo el culto a la normalidad que hasta entonces prevalecía en los programas para familias.

En series infantiles como *Los locos Addams* y *La familia Monster*, los niños de mi generación aprendimos que lo normal no era forzosamente lo bueno, pues había familias enteras con un sistema de valores radicalmente opuesto al de la gente común, que la sociedad no podía condenar por su extravagancia. Tampoco era condenable la irrupción de seres extraños en el seno de una familia convencional, como sucedía en *Hechizada* y *Mi marciano favorito*. Al proponer que la familia no debía obstaculizar el desarrollo de los individuos, ni tratar de imponerles su criterio moral a otras personas, la televisión infantil de los años sesenta combatía la intolerancia en todas sus formas —religiosa, racial, ideológica— y abonaba el terreno para la aceptación de conductas sexuales que la moral judeocristiana considera aberrantes. Si la llegada de un tío extraterrestre alegraba la vida de una familia, ¿quién podía sentirse mal por tener un hermano transexual o una prima lesbiana? Si los locos Adams se mantenían unidos a pesar de su rareza, ¿por qué no podía funcionar una comuna *hippie*?

Desgraciadamente, la corriente liberal de la televisión estadounidense no tuvo continuidad y la mayoría de las series para familias ha vuelto a tomar partido por la gente normal. El retroceso se debe a un viraje en la ideología del teleauditorio, pues la inmensa mayoría de los jóvenes que hace 20 años detestaban a la familia llegados a la cuarentena son sus defensores más recalcitrantes. En México, la oleada moralizadora se ha dejado sentir con fuerza desde los años ochenta, porque los dueños de las cadenas televisivas y las instituciones educativas se han dejado intimidar por los policías de la moral pública. Salvo raras excepciones, ninguna escuela particular puede darse el lujo de que sus alumnos lleven melenas, arracadas o pantalones agujereados, porque los padres de familia imponen su estrechez de criterio a los directores, bajo la amenaza de cambiar a sus hijos a otro colegio. La lección de tolerancia que nos dieron Homero Addams y Herman Monster quedó en el olvido, pues ahora los chavos *darkies*, que tienen la misma predilección por el lado macabro de la existencia, no pueden disfrazarse de muertos vivientes sin correr el riesgo de una expulsión. En su afán por imponerse al resto de la sociedad, la derecha ve por todas partes enemigos de la familia, pero no es la familia lo que está en peligro, sino su versión más opresiva y autoritaria. Cuando la sociedad evolucione hacia formas de vida más libres, muchos seres humanos elegirán la bisexualidad, el intercambio de parejas o la zoofilia, pero la armonía hogareña seguirá en pie, porque la vida en familia también es posible entre monstruos.

LA IGLESIA DE SATÁN

Un motivo de perplejidad para muchos lectores que estudian las religiones desde un punto de vista antropológico es la escasez de referencias al diablo en la Biblia, a pesar de su imprescindible papel antagónico en la teodicea cristiana. Tanto en el Antiguo como en el Nuevo Testamento, el demonio es un personaje secundario, una sombra oculta tras bambalinas, que sólo adquiere cuerpo y sustancia en el Apocalipsis, donde se narra la caída al abismo de un dragón rojo con 10 cuernos y siete cabezas, la Bestia marcada con el número simbólico 666, que tanto dinero les ha redituado a los seráficos productores de Hollywood. Para fortuna de los lectores con curiosidad intelectual, el historiador y periodista irlandés Peter Stanford acometió la difícil tarea de explicar el ninguneo bíblico de Satán en una obra que renueva y desacraliza los viejos tratados de demonología: *The Devil. A Biography* (Henry Holt and Company, 1996).

En la primera parte de su biografía, presumiblemente no autorizada, Stanford describe en líneas generales la milenaria operación de sincretismo que permitió a Luzbel adoptar la cornamenta y las piernas de chivo de Pan, la proclividad a transformarse en serpiente de Zoroastro, el color rojo de Seth (dios egipcio causante de la sequía) y el olor a azufre de los titanes sepultados en el báratro de la mitología griega, hasta alcanzar su catadura oficial en la Edad Media. En cuanto a los poderes del diablo y su ambigua subordinación al Creador, desde los albores del cristianismo hasta la fecha, los teólogos más lúcidos de la Iglesia se han devanado los sesos para justificar la paradoja de que Dios tolere al demonio a pesar de poder aniquilarlo. Sin un espíritu perverso que empujara al mal a los hombres —explica Stanford—, la doctrina del libre albedrío hubiera sido insostenible, pero como la causa del mal no podía encontrarse en Dios, fue preciso conceder al diablo cierta independencia, para no convertir al Señor en un dios dual como Abraxas, mezcla de divinidad y demonio. Esto explica por qué los padres de la Iglesia excluyeron del canon bíblico Enoch, Los jubileos y otros libros proféticos donde se insinuaba que los ángeles caídos contaban con la autorización de Yavhé para castigar al pueblo elegido con desgracias y enfermedades. Ante la amenaza de empañar la impoluta imagen del Señor, los compiladores de la Biblia decidieron tildar de apócrifas esas obras y postergar el castigo del diablo para el día del Juicio Final.

Con la Reforma protestante, el diablo penetró con más fuerza que nunca en la imaginación popular gracias a los trastornos digestivos de Martín Lutero, quien padecía estreñimiento crónico y estaba convencido de que Satán se alojaba en sus intestinos. "En cada evacuación fecal —cuenta Stanford— Lutero realizaba una especie de exorcismo, en el que echaba mano de toda su energía espiritual para expeler al maligno." Satán sobrevivió a la Reforma sin perder importancia, y fue reivindicado por los románticos, quienes vieron en él un símbolo de rebeldía, pero no ha logrado resistir la trivialización de su imagen por obra de la televisión y el cine. Durante el siglo XX, el temor al diablo decayó notablemente en las sociedades desarrolladas, donde millones de personas ven a Lucifer como una caricatura del mal. Incluso las sectas satánicas le dispensan una adoración irrespetuosa y poco ortodoxa. En el capítulo más aleccionador de su libro, Stanford narra el cisma registrado a finales de los sesenta en la Iglesia de Satán, fundada en San Francisco por el gurú demoniaco Anton LaVey, autor de una Biblia satánica que celebra la violación de menores y el genocidio nazi. Famoso en el mundo entero por haber reclutado a la estrella de cine Jayne Mansfield, LaVey se prestaba a todo con tal de obtener publicidad y comercializó el satanismo a extremos intolerables para los puristas de la secta, que rompieron con él para fundar la Iglesia de Seth.

Aunque Stanford no se detiene a examinar las implicaciones de este cisma, la anécdota encierra una valiosa enseñanza sobre la naturaleza egoísta del mal y su incapacidad de aglutinar personas bajo una causa común. En primer lugar, no se puede sostener que LaVey haya traicionado sus creencias al convertir el culto a Satán en una mercancía, pues si algo complace al diablo es envilecer todo lo sagrado. El sumo sacerdote del satanismo se limitó a seguir los dictados de un espíritu blasfemo y depredador que no cree en la limpieza de ningún rito, incluyendo el suyo propio. Si LaVey se hubiese abstenido de lucrar con la figura de la Bestia, como reclamaban los disidentes, habría introducido en su iglesia un principio de rectitud y honradez incompatible con la maldad exigida a la grey satánica. De ahí a la bondad sólo hay un paso que seguramente dieron los cismáticos al crear una iglesia fundada en virtudes tan santurronas como el desinterés y la devoción. ¿Puede haber un puritanismo satánico si la esencia del satanismo consiste en manchar la pureza? Quizá los adoradores de Seth eran diablillos virtuosos que deseaban militar en el bando del bien, pero no podían aceptarlo por cerrazón ideológica. Aun cuando LaVey hubiese actuado como un pontífice responsable y formal, su religión estaba condenada a muerte, porque la complicidad fundada en el deseo de corromper y sojuzgar al otro desemboca tarde o temprano en el fratricidio. Cualquier semejanza con el derrumbe del PRI cuando sus demonios quedaron sueltos es una infernal coincidencia.

JUVENTUD PERFORADA

Mariana es una quinceañera rebelde que se junta con una pandilla de *darkies*. Sus padres son amigos míos y cometieron el error de regañar a la niña por rendirle culto a la muerte. "Nosotros a su edad éramos *hippies*, creíamos en el amor y la paz —se quejan—, pero esta idiota y sus amigos ni siquiera tienen ideales: toda su rebeldía consiste en invocar al diablo." Imitadora infantil de Morticia Addams, al principio Mariana sólo llevaba luto riguroso y se pintaba los labios de negro. Con ese atuendo participaba en aquelarres nocturnos donde los miembros de su secta escuchaban death metal, un subgénero macabro del rock pesado. Resentida por los regaños paternos, la orgullosa hija de Belcebú comenzó a perforarse la nariz con argollas. Sus padres le quitaron el domingo y le prohibieron salir de noche con la palomilla necrófila. En represalia, Mariana se puso una arracada quirúrgica en el ombligo. La arracada era de cobre y le causó una grave infección que por poco degenera en gangrena. Cuando la vieron afiebrada y con el ombligo lleno de pus, sus padres la llevaron corriendo al hospital. Creyeron que el susto le serviría de escarmiento, pero Mariana extrajo del incidente una moraleja distinta: entendió que el satanismo es incompatible con la pobreza y ahora lleva en el ombligo una arracada de oro.

La moda de las perforaciones tiene fundamento teórico en la leyenda del buen salvaje. Según los ideólogos de la contracultura, las cremas, el jabón, los desodorantes y la falta de exposición a la luz solar han atrofiado a tal punto nuestro sentido del tacto, que sólo un agujero puede devolvernos la sensibilidad de la piel y, junto con ella, la armonía con la naturaleza del hombre primitivo. Quizá los ideólogos de la perforación quieran volver a la infancia del género humano y alcanzar el Nirvana por la vía cutánea, pero en la práctica, el uso de arracadas ha tenido una carga simbólica mucho más agresiva. Con el gesto provocador de perforarse la lengua, los labios o las tetillas, los punks buscaban horrorizar a la burguesía, reprocharle su insensibilidad ante el sufrimiento ajeno y exhibir las miserias de una civilización que ha erigido el confort y el bienestar como valores supremos de la existencia. Si los *hippies* escandalizaron a los adultos con su reventón dionisiaco, los punks lo hicieron con el espectáculo del dolor. Su tremendismo tenía justificación, pues eran jóvenes lumpen condenados al desempleo, que no tenían cabida en la sociedad inglesa. Pero como suele ocurrir con los brotes de protesta juvenil, la mercadotecnia se apresuró a convertir la subversión en moda, y ahora las arracadas son un signo prefabricado de rebeldía, tan fraudulento como el cine *gore*, el rock satánico y otros adefesios mercantiles que explotan la propensión de los adolescentes a sentirse malditos.

Quien sintonice la cadena MTV a cualquier hora del día notará que el adolescente promedio de Estados Unidos identifica el placer con la maldad. Por más hedonistas y transgresores que aparenten ser, en el fondo los chavos están culpabilizados y ven el sexo como una cosa diabólica. El sustrato puritano de la cultura estadounidense, la incomunicación con los adultos, el terror al sida o una conjunción de todos esos factores han hecho creer a millones de jóvenes que hasta la cópula más venial es una perversión demoniaca. En los videoclips de grupos metaleros, la nota predominante es la combinación de escatología y erotismo, de cuerpos desnudos y asquerosidades, como si la náusea fuera un atributo inseparable del deseo sexual. Ni la Iglesia católica en tiempos de la Contrarreforma tuvo un instrumento propagandístico tan eficaz para intimidar a los pecadores y persuadirlos de que el cuerpo humano es una inmundicia.

Comparadas con un videoclip de Marilyn Manson, el explotador más hábil y retorcido de la patología sexual estadounidense, las pinturas de cadáveres tumefactos de Valdés Leal son un juego de niños. El Anticristo del rock se viste y actúa como un andrógino depravado, pero las imágenes de sus videos (trozos de carne agusanada, cuerpos sometidos a tortura, grifos chorreando sangre) no incitan a la lujuria, sino al arrepentimiento. En sus *Ejercicios espirituales*, San Ignacio de Loyola recomendaba "mirar toda mi corrupción y fealdad corpórea, mirarme como una llaga y una postema de donde han salido tantos pecados y ponzoña tan torpísima". Jesuitas involuntarios, los aturdidos seguidores de Manson practican a diario este piadoso ejercicio.

La penitencia audiovisual es muy útil para domar la concupiscencia, pero los jóvenes que buscan la santidad por el camino del sacrilegio no se conforman con ver llagas purulentas: también mortifican su sentido del tacto. Las arracadas en el ombligo equivalen al cilicio que los antiguos ascetas ocultaban bajo el sayal para no manchar su virtud con el pecado de la soberbia. Una familia católica no debería avergonzarse por tener una hija como Mariana, que al infectarse el abdomen por amor a Satán superó en rigor penitente a la propia Santa Teresa. Más bien son las familias liberales las que deben alarmarse por esta epidemia de fervor masoquista. Pero sería inútil querer disuadir a Mariana de perforarse la piel, o tratar de hacerle ver la afinidad de su sacrificio con la moral represiva que intenta dinamitar. Cuando los años le despejen el cerebro de telarañas, ella sola comprenderá que el autoflagelo satánico es un pasatiempo de pobres diablos.

VII

DELITOS CONTRA LA SALUD MENTAL

NIÑERÍAS

Según los informantes de Sahagún, en todos los actos protocolarios donde el pueblo azteca rendía vasallaje al tlatoani, sus voceros imploraban la protección del emperador como niños indefensos ante un padre justo y providente. Quienes hablaban así eran por lo general ancianos venerables, pero al proclamar su metafórica minoría de edad, indicaban a la masa la sumisión infantil que el poder esperaba y exigía de sus súbditos. Una metáfora convertida en liturgia acaba por echar raíces en el inconsciente colectivo y, a juzgar por la ciega obediencia del pueblo azteca, "la prolongación" de la niñez era el principal baluarte de su cultura cívica. Por eso, en los años posteriores a la Conquista, los españoles encontraron abonado el terreno para imponer su autoridad a los indios, que se resignaron con facilidad al yugo de sus nuevos padres: el encomendero y el fraile. La creencia de que los indios eran incapaces de alcanzar la edad adulta estaba tan arraigada en la mente del conquistador que se hizo costumbre llamarlos "menores perpetuos" o "niños con barbas" en los documentos judiciales del virreinato.

Estancado en una niñez impuesta, el mexicano fue desarrollando así un complejo de Peter Pan que ha resistido los embates de la modernidad. Tanto en el gobierno como en la familia, las figuras patriarcales mantienen intacta su hegemonía, porque el predominio de la colectividad sobre el individuo frena a los niños rebeldes cuando intentan madurar o elegir su propio destino. Al describir el funcionamiento de la familia mexicana, la marquesa de Calderón de la Barca hizo una perspicaz observación sobre nuestra infancia perpetua que no ha perdido vigencia: "Nunca he conocido un país donde las familias estén tan estrechamente unidas. Aquí los hijos acostumbran vivir en casa de sus padres aún después de casarse, formando una especie de pequeña colonia. Tal parece que nunca dejan de ser niños". Hoy en día, desempeñar un papel subordinado en la familia y en la sociedad no es un destino elegido, sino una fatalidad que muchos hijos deben aceptar por falta de medios para independizarse. La mayoría de los adultos tratados como niños no decidió vivir así: son víctimas de una circunstancia social que no les deja otra alternativa. Pero prolongar la niñez tiene sus ventajas y una de ellas es ceder el timón de nuestra vida a un padre protector que nos ahorra el esfuerzo de tener iniciativas y asumir riesgos. Quien ha renunciado a elegir y acata sin chistar los dictados de una voluntad superior no conoce la angustia ni la incertidumbre. Por eso hay tanta gente dispuesta a dejarse arropar por el paternalismo, así sea tiránico y explotador: la sumisión es una droga dura que poco a poco va minando la voluntad del hijo obediente, hasta sumergirlo en un voluptuoso abandono.

En julio de 2000, cuando terminó la era del partido único, muchos optimistas nos apresuramos a declarar que la sociedad mexicana había alcanzado al fin la mayoría de edad. El diagnóstico tal vez tuviera validez en el terreno electoral, pero social y culturalmente ni siquiera hemos llegado a la adolescencia. Basta con echar un vistazo a los programas cómicos de la televisión comercial para constatar que tantos siglos de paternalismo no se pueden borrar de un plumazo. Con sintomática uniformidad, los campeones del humorismo blanco recurren a la fácil y gastada rutina de hacer niñerías en pantalón corto. Hace 30 años, cuando Chespirito empezó a explotar ese filón de oro, los adultos pueriles tenían al menos el encanto de la novedad. Pero ahora Televisa le asesta al sufrido auditorio cuatro programas cortados con la misma tijera: *El Chavo del Ocho*, *Cero en conducta*, *La Güereja* y *En familia con Chabelo*, el decano del telekínder geriátrico. En ningún país del mundo se bombardea tanto al espectador con imágenes de niñas marchitas y abuelos en tobilleras. El humor infantiloide sigue cautivando a las masas porque, más allá de la mayor o menor gracia de los cómicos, el mexicano quiere ver a todas horas un reflejo edulcorado de su patológico apego a la cuna.

Desde luego, los productores de televisión desconocen la tara regresiva que están fomentando y no persiguen otra meta que ganar puntos de audiencia. Como el imperio de la mercadotecnia salvaje ha robustecido su zafiedad, ninguno parece advertir que en un país donde la infantilización del adulto ha sido un yugo sempiterno, machacar esa herida en tono de chunga sólo contribuye a perpetuar la minoría de edad de los oprimidos. El humor blanco goza la aprobación de las familias conservadoras, y ante los ojos de los incautos está revestido con una aureola de dignidad. Pero hay blancuras más venenosas que al ántrax. Repetir hasta el vómito una fórmula de entretenimiento, sea cual sea, oxida la imaginación y embota la sensibilidad del televidente. Pero cuando la fórmula refleja en forma emblemática las frustraciones del público, su poder embrutecedor se multiplica hasta el infinito. En toda guerra hay armas mortíferas que los organismos internacionales prohíben usar, no así en la guerra por el *rating*, donde todo está permitido, menos la originalidad. El auditorio damnificado necesita una tregua, aunque el respeto a sus mayores le impida pedirla en voz alta. Por imperativos humanitarios, Televisa debe darles unas largas vacaciones a sus infantes decrépitos. Quizás entonces podamos empezar a crecer.

DINÁMICA INTERACTIVA

Para muchos comunicólogos, pedagogos y artistas de vanguardia, la dinámica interactiva es una conquista social que puede contribuir a democratizar la información, el entretenimiento y la creación artística, pues gracias a ella la relación entre el emisor y el receptor de los mensajes dará un giro de 180 grados, que impedirá los abusos de poder en los medios de comunicación. Sin embargo, algunos escépticos no hemos podido apreciar las bondades del juguete nuevo y sí, en cambio, los estragos que está causando en la cultura de masas. La participación del público en un espectáculo no es necesariamente un síntoma de actividad mental, como bien saben los animadores profesionales. Cuando el vocalista de una orquesta canta "La Macarena" en un banquete de bodas, y marca los pasos que debe seguir su dócil rebaño, el público participa activamente en la diversión, pero se deja manipular en forma grotesca. Lo mismo sucede cuando la conductora de un *talk show* amarra navajas entre dos rivales amorosas para incitarlas a la violencia, y después las regaña por no mantener la cordura. Ahora que están de moda las encuestas interactivas en los noticieros, propongo hacer la siguiente pregunta al teleauditorio: ¿es un avance o un retroceso pasar del estado vegetativo a la categoría de perro amaestrado?

Sin duda, la dinámica interactiva permite conocer con mayor precisión las opiniones del público, y ahora es más fácil que nunca ceñirse a sus gustos para darle lo que pide. Pero ese mecanismo no es nuevo ni benéfico para el público, pues ha producido incontables aberraciones, lo mismo en la mercadotecnia televisiva que en los aparatos de control ideológico de los regímenes totalitarios. En una entrevista reciente, Vargas Llosa recordó que, en tiempos de la Revolución Cultural china, el Estado quiso erradicar el individualismo burgués de la creación literaria, y los novelistas fueron obligados a escribir bajo la vigilancia de un comité formado por obreros y campesinos, que podía modificar a su antojo el contenido de las historias. El resultado fue una literatura de ínfima calidad, con situaciones previsibles y héroes positivos rellenos de paja. Por el camino del interés comercial, el capitalismo ha llegado a la misma colectivización del arte, pues la escritura plebiscitaria se practica a gran escala, con métodos más refinados, en la producción de telenovelas y churros hollywoodenses. Sin saberlo, el productor Valentín Pimstein era un maoísta de línea dura, pues grababa sus telenovelas casi al parejo con la salida al aire de los capítulos, y cuando el rumbo de sus historias no agradaba al público masivo, cuyas preferencias conocía por medio de encuestas, lo modificaba de inmediato para subir el *rating*, así tuviera que matar a un protagonista o sacrificar la coherencia del argumento.

Precursores de la dinámica interactiva, Pimstein y los comisarios políticos chinos pueden ser acusados de muchas cosas, menos de ignorar la *vox populi*, ya que sus engendros fueron pergeñados con estricto apego a la voluntad popular. Pero lo interactivo está de moda y muchos ingenuos creen que la participación del público en la confección de argumentos telenoveleros no sólo es un logro social, sino una panacea estética. En fecha reciente, los productores de la telenovela *El candidato* convocaron a su auditorio a proponer finales para la telenovela, y anunciaron con bombos y platillos el resultado de la encuesta, como si el mayoriteo mercadotécnico fuera una garantía de solvencia creativa. Con el mismo criterio, la XEW acaba de lanzar al aire *La herencia*, una radionovela interactiva donde el público es invitado a resolver por correo electrónico los enigmas de una intriga policiaca. Si estos experimentos tienen éxito, en el futuro el público elegirá democráticamente sus evasiones sin depender de ningún intermediario, salvo el centro de cómputo encargado de tomarle el dictado. Enhorabuena —dirán los populistas de izquierda y derecha—, entonces el genio popular tendrá un medio de expresión libre de interferencias. Pero una masa se compone de individuos, y como la dinámica interactiva sacrifica el gusto personal en aras de la uniformidad, limita las opciones del televidente en lugar de ampliarlas. La mayor muestra de respeto a la masa es ayudarle a dejar de serlo, no imponer a los individuos el gusto mayoritario.

En las expresiones más altas del arte popular, la interacción entre el público y el creador es constante y plena, sin necesidad de un teléfono o una computadora que recoja las opiniones del auditorio. Hasta ahora nadie ha escrito telenovelas por una necesidad expresiva, pero si los cartabones de mercadotecnia fueran menos rígidos, muchos escritores talentosos sin prejuicios elitistas tendrían la oportunidad de hablar en privado con millones de espectadores —algo muy diferente a escribir para la multitud—, como lo han hecho en Brasil Jorge Amado y Rubem Fonseca. Un texto dramático inteligente ilumina y enriquece al público mucho más que la elección mecánica entre a, b y c. No por ello la telenovela dejaría de ser un género masivo; pero el hombre masa tendría la oportunidad de pensar por su cuenta, en vez de saltar cuando el domador le toca el pandero.

NADA EN MÉXICO ES VULGAR

Cada vez que el gusto mayoritario corrige las insuficiencias del llamado "buen gusto" y trastoca sus cánones de excelencia artística, la cultura popular se anota una victoria sobre la alta cultura. Todas las formas de expresión, empezando por los idiomas, nacen de la corrupción de un modelo clásico. Las lenguas romances provienen del latín vulgar, la novela es una parodia plebeya de los libros de historia, la poesía épica cayó en desuso cuando las armas nucleares desplazaron a los antiguos héroes y ahora sobrevive en los escenarios urbanos del *thriller*; la telenovela adaptó al video los recursos literarios del folletín decimonónico, la ópera engendró su propia caricatura —la comedia musical—, y en un futuro cercano, cuando los géneros populares de hoy sean venerables objetos de estudio, decaerán ante el empuje de otras innovaciones más frescas. Pero la decadencia política y social de un país también puede repercutir de manera desfavorable sobre su cultura popular y obliterar esta red de vasos comunicantes.

Si la estabilidad política y el relativo bienestar de los años cuarenta propiciaron el auge del bolero y la época de oro del cine mexicano, la lenta agonía del régimen priista, con su larga secuela de catástrofes financieras, crímenes políticos y terror delincuencial, dio al mundo la tecnocumbia de la onda grupera, los corridos de narcos, las telenovelas de cenicientas y las películas de ficheras. La degradación del paisaje urbano, concomitante al deterioro ecológico de la Ciudad de México,

ha sido objeto de prolijas descripciones en la literatura apo-
calíptica de los últimos años. Algunos extranjeros empiezan
a contemplar la propagación de adefesios en el cine, la música
comercial y la arquitectura con un morbo similar al de Frances
Erskine Inglis, mejor conocida como la marquesa de Calderón
de la Barca, que en épocas de mayor penuria nacional (mediados del siglo XIX) atribuyó el encanto de México a su estancamiento político y económico:

> Nada hay en México que parezca vulgar —escribió la mar-
> quesa en su diario de viaje—. Todo aquí nos recuerda el
> pasado: el de los conquistadores españoles, que parecían
> construir para la eternidad, y el pasado de los indios, cuan-
> do Cortés llegó para arrancarlos de su estado. Es el presente
> lo que parece un sueño y un desvanecido reflejo del pasado.
> Todo está en decadencia y todo se va esfumando y tal pare-
> ce que los hombres confían en un futuro ignoto que quizá
> nunca verán.

Como Ruskin y la mayoría de los románticos ingleses, la marquesa de Calderón prefería las ruinas encantadoras al pro-
saico bienestar de los países ricos. Por ser un país sin presente,
México estaba inmunizado contra la vulgaridad que viene
aparejada con el progreso. Pero cuando el país intentara mo-
dernizarse —pronosticó— nuestra admirable cultura mestiza
perdería belleza y carácter. Un turista extranjero que visitara
el Distrito Federal del siglo XXI podría pensar que el pronós-
tico de la marquesa se ha cumplido al pie de la letra. Pero la
fealdad omnipresente en el México actual no se puede atribuir
al progreso, porque desde 1982 somos un país arruinado y
sin brújula. Más bien es la fealdad del progreso interrumpido,
perceptible por doquier en las ironías del paisaje urbano. Las
nuevas líneas del Metro, con sus magníficos pasos a desnivel
que sobrevuelan cinturones de miseria, reflejan las contradicciones de un régimen que se obstinó en combinar la rapiña y el

desarrollismo. Los responsables de haber convertido nuestra música tropical en una caricatura de la *country music* adolecen quizá de la misma impotencia: quisieran ofrecerle algo mejor al pueblo, pero no pueden regenerar el gusto que ellos mismos adulteraron.

Por fortuna, en las nuevas generaciones de músicos populares hay gente que busca impedir este proceso degenerativo en vez de observarlo con delectación. Su estrategia para revertir el envilecimiento de la cultura popular consiste en fortalecer la idiosincrasia que una parte del pueblo ha perdido o está perdiendo, por la imagen deformada de sí mismo que le presentan los medios de comunicación. Se trata de un movimiento de resistencia cultural con distintas vertientes, que ha tenido su manifestación más visible en los grupos de rock en español (Caifanes, Maldita Vecindad, Café Tacuba) que han saltado de la marginalidad a los circuitos comerciales, adoptando la premisa de la marquesa de Calderón de la Barca —"nada en México es vulgar"— como bandera para combatir el entreguismo cultural de un amplio sector de la clase media.

En la industria del disco muy pocos pueden ufanarse de grabar lo que les gusta. Los cantantes y compositores de baladas inocuas muchas veces ignoran cuáles son sus verdaderos gustos, pues de tanto trabajar sobre pedido han olvidado qué se proponían decir cuando empezaron a ganar dinero. A partir de los años ochenta, los grupos de rock mexicano son una excepción en el panorama de la música comercial, pues han logrado conquistar un mercado que les permite expresarse con libertad, sin traicionar sus preferencias musicales. Como se sabe, durante décadas los empresarios pensaron que en México sólo podía tener éxito el rock importado de Estados Unidos, ya fuera en sus versiones originales o en los refritos de cantantes locales que se adelantaron a la clonación fungiendo como dobles de Paul Anka o Frankie Avalon.

Cuando salieron de las catacumbas grupos como Caifanes, Maldita Vecindad y Café Tacuba, y las estaciones de radio empezaron a difundir el rock español y argentino, lo que había sido una pobre imitación empezó a convertirse en un mestizaje creativo. De hecho, la emancipación comenzó desde los años setenta, cuando el rock estaba confinado en los hoyos fonquis y Alex Lora tuvo la idea providencial de escribir sus letras en español. Pero las compañías disqueras no se abrieron a la innovación hasta 10 o 15 años después. Cecilia Toussaint y Jaime López fueron todavía (y siguen siendo) rockeros marginales, con esporádicas apariciones en televisión y escaso apoyo en las estaciones de radio. No fue sino hasta la siguiente generación cuando los grupos de rock tuvieron la mesa puesta, grabaron con mayor calidad acústica y empezaron a llenar grandes auditorios.

No soy un crítico profesional de rock, pero he notado que en México los especialistas en la materia se sienten traicionados cuando una banda empieza a descollar fuera del circuito *underground*. Es ridículo descalificar a todo grupo que aparece en televisión por el simple hecho de haber buscado un público más amplio. Ciertamente nuestro rock es inferior al argentino y al español, pero no porque los músicos hagan demasiadas concesiones al público, pues más bien ocurre lo contrario: el misticismo lúgubre de Saúl Hernández o el pastiche folclórico de Maldita Vecindad son lo menos apropiado para atraer a las multitudes. Sin lugar a dudas, nuestros rockeros han sido fieles a sí mismos, y quizá pierdan dinero por ello. En materia de congruencia nadie les puede objetar nada, pero a mi modo de ver, su nostalgia del gueto contracultural es un lastre que les ha impedido dejar una huella más onda en el gusto masivo.

Cuando una canción se propone fortalecer la "identidad popular", como sucede con algunas piezas de Maldita Vecindad y Café Tacuba, la música pasa a segundo plano y el rock se convierte en un instrumento de propaganda. Con la misma ideología mexicanista del grupo Botellita de Jerez, pero con mejores argumentos musicales, los malditos y los tacubos se han propuesto combatir el entreguismo cultural de la clase media con una contraofensiva nacionalista que idealiza cualquier producto de extracción popular, así se trate de la onda grupera, y concede el mismo valor a las rimas de un teporocho que a los versos de Borges.

Con algunos reparos, yo estaría dispuesto a aceptar la tesis neorromántica de una canción como "Don Palabras", el último hit de Maldita Vecindad, cuyo videoclip (muy superior al tema musical) equipara a los grandes poetas de América Latina con los bardos de cantina que improvisan coplas al calor de los tragos. José Alfredo Jiménez fue un Don Palabras y sus mejores canciones no desmerecen frente a la poesía de Borges, como un corrido de la Revolución no desmerece ante un romance del siglo de oro. Lo que me gustaría es hallar en las canciones de Maldita Vecindad la felicidad expresiva de José Alfredo y los corridos revolucionarios. Es muy probable que desde el rock, desde la cumbia o desde el corrido norteño se pueda llegar a las alturas de los clásicos modernos o antiguos, pero los malditos creen que exponer una tesis es igual a componer una buena canción.

En Café Tacuba advierto la misma propensión al concepto sin música. Con "La ingrata", una parodia de la música de Los Tigres del Norte o Los Cadetes de Linares, su propósito fue sin duda colocar en un plano de igualdad el rock de vanguardia y la música norteña. Pero la canción se programaba en MTV y en las estaciones de rock más sofisticadas del cuadrante, porque el propósito del grupo no era llegar al pueblo, sino guiñarles un ojo a los esnobs de Coyoacán y la Condesa. A semejanza de Andy Warhol, Café Tacuba no vende obras, sino los conceptos que están detrás de las obras. Sería injusto atribuirles la impostura y el cinismo de Warhol, pues me parece que actúan de buena fe. Pero se han erigido en árbitros de la autenticidad popular en vez de hacer aportaciones en su propio campo de expresión. Por su empeño en darle coba al pueblo con imitaciones paternalistas, están desperdiciando el privilegio de poder grabar lo que les gusta, cuando podrían influir de manera muy saludable en la gran masa de radioescuchas. El populismo condescendiente no es el mejor camino para redimir al pueblo de la ignominia y renovar la gran tradición de la música popular mexicana: el reto es reeducar el oído musical de las masas, como lo hicieron los grandes compositores de la época de oro, cuando la vulgaridad impuesta desde arriba no había degenerado el gusto masivo.

LA PESTE DEL REGGAETÓN

Como la mayoría de los noctámbulos cuarentones, me alejé para siempre de las discotecas hace 10 o 12 años, cuando empezó la dictadura del rap y la música tecno. Desde entonces los antros de música tropical han sido mi única tabla de salvación para escapar de la vida ordenada. No soy un purista del son caribeño, ni un enemigo de la evolución musical, porque ningún género vivo puede ser inmutable. La salsa, el merengue, la cumbia o el vallenato son géneros en constante transformación, pero hasta finales del siglo pasado habían evolucionado a fuego lento, manteniéndose fieles a la cálida vibración de los timbales, los güiros y las maracas, sin recurrir demasiado a los instrumentos eléctricos, ni mucho menos a las cajas de ritmos. Por desgracia, de unos años para acá está causando estragos en el gusto masivo un engendro mercantil que amenaza con implantar la repetición cibernética en el ámbito de la música afroantillana: me refiero, por supuesto, al horrísono reggaetón, una mezcla nauseabunda de rap y reggae, con algunos toques de hip hop y merengue, que pretende fusionar la salsa con los géneros más tediosos y machacones de la música negra estadounidense.

En un reciente viaje a Cartagena de Indias, mi mujer y yo buscamos por toda la ciudad un antro donde pudiéramos oír vallenatos en vivo. No lo encontramos, ni tampoco un sitio donde tocaran verdadera salsa, porque la peste del reggaetón se había extendido por doquier, sin dejar siquiera un pequeño espacio para otras variedades de la música tropical. Después de recorrer media Cartagena, fuimos a parar a una triste cantina con marineros beodos y putas decrépitas, donde una rocola tocaba espléndidos vallenatos, pero sólo nos pudimos quedar media hora, porque las sillas de bejuco estaban llenas de piojos. Cuando uno de los puertos emblemáticos del Caribe cierra sus puertas a la música de Juan Luis Guerra, Carlos Vives, Chichi Peralta, Jerry Rivera o el Médico de la Salsa quiere decir que algo se está pudriendo en la vida nocturna de América Latina. Lo más amenazante del reggaetón no es el envilecimiento de la oferta radiofónica que ha provocado, sino su carácter de moda totalitaria. Los perpetradores de esta formidable ofensiva mediática no se conforman, al parecer, con encabezar el *hit parade* del continente: quieren provocar una mutación irreversible que borre del mapa cualquier otra tendencia musical. ¿Nadie hará nada para impedir que la música guapachosa se convierta en una copia latina del rap? ¿Hasta cuándo nos van a imponer esta mierda?

Como los cantantes de hip hop, las estrellas del reggaetón han adoptado la vestimenta de pandilleros bravucones (pantalón bombacho, gorra de beisbol, arracadas y pulseras de oro) que mejor se aviene con el espíritu de su música golpeadora. A juicio de algunos sociólogos, la supuesta autenticidad arrabalera de esta corriente musical le confiere un sello subversivo y contestatario que la exime de cualquier crítica. Yo creo, por el contrario, que la tozuda estridencia del reggaetón adultera el voluptuoso compás de la salsa, y busca imprimirle un sesgo fascistoide a la rebeldía juvenil. Las fusiones de ritmos no siempre resultan afortunadas, como lo ha demostrado palmariamente la decadencia de la música tropical mexicana. Ya nadie se acuerda de que en los años cincuenta y sesenta la Sonora Santanera rivalizaba en creatividad, talento y picardía con las mejores sonoras de Cuba y Colombia. Por desgracia, la Santanera fue una golondrina que no hizo verano. Vinieron después Mike Laure, Rigo Tovar, Chico Che y otros rocanroleros frustrados que tocaban cumbias "de piojito" con sintetizador y bajo eléctrico, instrumentos incompatibles con las suaves cadencias del trópico. Por desgracia, los grupos de esta índole tuvieron un éxito arrollador y el tumor cancerígeno se expandió por metástasis. Comenzó así un proceso degenerativo que al entrar en contacto con la subcultura tex mex ha producido infinidad de adefesios, entre ellos la tecnocumbia norteña de la onda grupera. ¿Ocurrirá lo mismo en el ámbito del Caribe con la bestial embestida del reggaetón?

Los chavos creen que los adultos rechazamos sus gustos musicales por tenerle aversión a lo nuevo, cuando la verdad es que los ritmos de moda nos fastidian justamente por ser un ínfimo reciclaje de la música bailable que ya escuchamos hasta el hartazgo. Por una mezcla de ignorancia y borreguismo, la chiquillada no tiene suficiente perspectiva temporal para conocer la evolución de los géneros musicales, ni sentido crítico para nadar contra la corriente, y en vez de exigir una superación cualitativa de los antiguos ritmos, sucumbe con facilidad a los dictados de una mercadotecnia embrutecedora que utiliza el culto a la novedad para imponer la monotonía. ¿Pero acaso hay una monotonía vieja y otra moderna? ¿La repetición obsesiva de un sonsonete puede ser un salto al futuro? ¿No será más bien una antigualla involutiva, revestida con los oropeles de la novedad? Ninguna variante del punchis punchis (llámese tecno, reggaetón o hip hop) supera al humilde tam tam del hombre primitivo, más bien lo envilece, y sin embargo, el joven que se mete una tacha para escucharlo seis horas seguidas, saltando con la euforia maquinal de un androide, cree pertenecer a una vanguardia futurista, que ha logrado abolir la odiosa variedad rítmica y melódica para descubrir un nuevo mundo de armonías cibernéticas. Estamos, pues, ante una robotización de la salsa que puede ser el preámbulo de una epidemia devastadora, si los rufianes de barrio siguen imponiendo su ley en los salones de baile.

HONORES A LA BANDERA

Como si el país necesitara convencerse de su grandeza para salir de la crisis, en los últimos meses de 1997 el presidente Zedillo se ha dedicado a izar banderas gigantes en la Ciudad de México y en Tijuana. Por los lugares elegidos para colocar las banderas se infiere que la intención del gobierno es festejar nuestras derrotas bélicas frente a Estados Unidos, pues las dos que ondean en el D. F. (una en el campo Marte y la otra en San Jerónimo) parecen conmemorar las batallas de Molino del Rey y Padierna, mientras la bandera de Tijuana buscaría fortalecer la cacareada identidad nacional, en una frontera donde el gobierno yanqui ha erigido un muro para contener a los ilegales.

Por una paradoja de la geografía urbana, las zonas de la capital escogidas para exaltar el fervor patrio son colonias residenciales plenamente asimiladas al *american way of life*, donde resulta difícil encontrar una tienda o un restaurante que tenga nombre en español, y si acaso lo tienen, suele llevar el ridículo posesivo en inglés —Paco's Bar, Estética Xochitl's— que tanto encandila a los imbéciles. Ajenas al paisaje de su entorno, las banderas kilométricas no pueden fortalecer el orgullo nacional, que brilla por su ausencia en los lugares donde más se le invoca. Más bien reflejan la mala conciencia de una elite política y social que no pierde oportunidad para exhibir su ornamentación patriotera, mientras anhela con toda el alma integrarse a Estados Unidos.

Desde los tiempos de Iturbide y Santa Anna, el patriotismo pomposo y epopéyico ha sido una fachada grotesca para encubrir la mentalidad colonial y entreguista de los gobiernos conservadores. Como antídoto contra los fastuosos desfiles del Centenario, López Velarde propuso la idea de una patria íntima, en que la nacionalidad fuera una experiencia interior y no una escenografía. Al parecer, en los círculos donde esa experiencia no existe o está muy debilitada, el patriotismo exhibicionista ha desempolvado sus viejas galas. Mientras el gobierno promueve la veneración del lábaro patrio, la cultura del autodesprecio aflora por todas partes en los hábitos de consumo y en las evasiones de la clase media. Un ejemplo entre mil es el arrobo provinciano con que millones de compatriotas siguen la carrera hollywoodense de Salma Hayek. Sin duda, la Hayek ha llegado a donde está por méritos propios. Es natural que México entero se ponga a sus pies, porque tiene simpatía, inteligencia y una belleza deslumbradora. Pero Salma no es una gran estrella gracias a Hollywood, sino a pesar de Hollywood. Hasta el momento, los productores del otro lado sólo le han ofrecido papeles idiotas en películas de ínfima calidad. *El callejón de los milagros*, la última película que filmó en México, es infinitamente superior al megabodrio *Fools Rush In* (*Un impulsivo y loco amor*), donde tuvo su primer estelar al lado del insípido Matthew Perry. Sin embargo, los mexicanos acomplejados por haber nacido en el tercer mundo lloran de felicidad cuando la oyen hablar en inglés, quizá porque ellos también desearían colarse al imperio por la puerta de atrás.

Es justo celebrar los logros internacionales de nuestros actores y atletas, cuando lo son de verdad. Pero en los últimos años los cronistas de radio y televisión han celebrado logros que en realidad son retrocesos. No propongo dar un salto del malinchismo al chauvinismo, sino que tengamos un poco de dignidad a la hora de establecer valoraciones y jerarquías. Hace algunos meses, los comentaristas deportivos echaron las campanas al vuelo porque el basquetbolista mexicano Horacio

Llamas había logrado figurar tres o cuatro partidos en la banca de los Soles de Phoenix. ¿De verdad somos tan poca cosa para tener que festejar esa gran hazaña? Por razones históricas y sociales, el mexicano tiende a menospreciarse frente a los gringos. Si los medios de comunicación no pueden revertir esa tendencia, por lo menos deberían tratar de no fomentarla.

Es motivo de legítimo orgullo tener un mexicano en la NBA, dirán algunos, porque el basquetbol estadounidense es muy superior al nuestro. De acuerdo: pero la distancia entre nuestro cine y el cine de Hollywood no es tan grande como creen los clientes de Perisur. Para filmar churros, Salma Hayek pudo haberse quedado en los Estudios Churubusco, sin necesidad de viajar a Estados Unidos. Más vale ser cabeza de ratón que cola de león. En otros tiempos, cuando el cine nacional era una industria y no un cadáver, María Félix y Jorge Negrete se negaron rotundamente a trabajar en Hollywood, porque los productores les ofrecían papeles de poca monta, que los hubieran devaluado ante el público mexicano (como le sucedió a Cantinflas en *Pepe*, donde actuó como maletero de Frank Sinatra). Ahora sucede al revés: un público devaluado y colonizado exige que sus estrellas emigren a Estados Unidos, así sea para lavar platos. Donde no hay autoestima tampoco puede haber patriotismo. Mientras el país no recupere una mínima parte de su amor propio, las banderas de tamaño colosal sólo serán un enorme desperdicio de tela.

LA ILETRADA FAMILIA DEL CINE

Si nos atenemos a las declaraciones de los productores y directores de cine, la supervivencia de la industria fílmica nacional está en peligro por la escasez de buenas historias para la pantalla. Los recientes concursos de argumentos convocados por Buenavista Films y Televisa Cine dejan entrever que, a juicio de los productores, los guionistas profesionales tienen seca la imaginación y en buena medida son responsables por la pobre calidad de las películas mexicanas. Sin duda, los chistosos a sueldo que han tomado por asalto el género más rentable de la actualidad —la comedia urbana clasemediera— han contribuido con sus inanes gracejos al naufragio creativo del nuevo cine mexicano. Para aprender el oficio y expiar sus culpas, los guionistas de *Sexo, pudor y lágrimas*, *Cilantro y Perejil*, *Todo el poder*, *El segundo aire* y *Vivir mata* tendrían que encerrarse 10 años, sin refrescos ni palomitas, a ver con detenimiento las comedias de Billy Wilder.

Pero si los malos comediógrafos oscilan entre la ñoñez y la ramplonería, es justo reconocer que los mejores filmes nacionales de los últimos tiempos —*Amores perros* y *Perfume de violetas*— salvaron el honor de nuestro cine gracias a las historias de Guillermo Arriaga y José Buil, dos guionistas imaginativos, con un admirable dominio de la tensión dramática. Su ejemplar entendimiento con los directores González Iñárritu y Maryse Sistach marca el camino a seguir para la nueva industria. Por desgracia, la mayor parte de los directores no ha aprendido la lección y sueña todavía con un regreso al cine de autor del echeverrismo. Obstinados en alcanzar o mantener el rango honorífico de cineastas, evitan a los guionistas con iniciativa propia y prefieren contratar a dóciles amanuenses, con los resultados que todos padecemos. Ante su renuencia a colaborar con buenos escritores, la queja por la falta de historias suena un tanto hueca. ¿No las hay o no quieren buscarlas por una mezcla de ignorancia, amiguismo y soberbia?

En los años ochenta y gran parte de los noventa, el cine mexicano fue un moribundo sostenido con respiración artificial. El Estado producía cinco o seis películas al año, que apenas y daban trabajo a un puñado de guionistas y directores: los más hábiles para cortejar a los funcionarios del ramo. El cine de narcos y ficheras de la iniciativa privada no era una opción para nadie con un mínimo de dignidad y, por consecuencia, los escritores que en otras circunstancias hubieran podido ser buenos guionistas se refugiaron en la literatura o en el alcohol. Buena parte de la narrativa mexicana escrita en los últimos 20 años emplea recursos cinematográficos en abundancia, no sólo por fidelidad a su época, sino porque al tener cerradas las puertas del cine, muchos escritores perdieron su medio natural de expresión. De manera que si los productores de cine buscan historias filmables, deberían revisar a conciencia, en primer lugar, la narrativa y el teatro de las últimas décadas, para llevar a la pantalla lo mejor de ambos géneros. Sin embargo, la familia del cine parece tener alergia a los libros, porque a la hora de asignar presupuestos, los guiones insulsos pergeñados por la esposa o el hermano del director siempre obligan a posponer la filmación de obras literarias importantes.

Hace tres o cuatro años, Producciones Argos anunció con bombos y platillos el inminente rodaje de *Los relámpagos de agosto*. En cualquier país con amor propio, la gran novela paródica de Ibargüengoitia se hubiera filmado al poco tiempo de publicada, pero en México, pese al ruidoso anuncio de Argos, seguimos esperando la película prometida y al parecer moriremos sin verla, porque los argonautas prefirieron filmar otra novela, *La hija del caníbal*, de Rosa Montero (una de las bazofias más pestilentes que nos ha recetado la mercadotecnia editorial española). Si el Imcine entrara al quite y financiara el proyecto abortado por Argos, tal vez haría su primera inversión rentable, porque *Los relámpagos de agosto* tiene todo para ser un taquillazo. Pero los burócratas que deberían tomar esa decisión se han cruzado de brazos, mientras gastan el dinero público en proyectos irrecuperables, que sólo favorecen a su corte de lambiscones.

Incluso los directores que afirman conocer la literatura nacional y rinden pleitesía a sus figuras tienen una extraña manera de homenajearlas. Cuando se estrenó *Y tu mamá también*, Alfonso Cuarón admitió en el suplemento "Primera fila" del *Reforma* que su modelo literario había sido *Se está haciendo tarde* de José Agustín. Miles de lectores compartimos su admiración por esa novela, pero si tanto aprecio le tiene ¿por qué no la adaptó en vez de filmar la inepta calcomanía de su hermano Carlos? ¿La voz de la sangre lo inclinó a desdeñar el original en favor de la copia? Si algún productor planeaba llevar al cine *Se está haciendo tarde*, ahora se lo pensará dos veces, porque el tema ya está quemado, y a los ojos del público masivo, semianalfabeto en un 80%, parecería que José Agustín se fusiló el refrito de los hermanos Cuarón. Con esos admiradores, ¿quién necesita enemigos?

Si todos los novelistas y dramaturgos de valía narraran sus desencuentros con el cine (lo ha hecho ya Ricardo Garibay en *Cómo se gana la vida*), la lista de obras filmables que han sido injustamente olvidadas llenaría varias páginas. Divorciado de su principal proveedor de historias, el cine mexicano seguirá dando tumbos sin mantener un nivel de calidad aceptable, pues ninguna industria puede crecer y mejorar su producto sin darles cabida a todos los que pueden beneficiarla.

EL HAMPA EN ESCENA

A finales de marzo de 1997, en la última semana de representaciones de la comedia *¡Al fuego!* de Lanford Wilson, una pareja de hampones asaltó a mano armada el Foro Shakespeare de la Colonia Condesa. Como saben los aficionados al teatro, el Foro Shakespeare es una casa acondicionada como espacio escénico, donde a veces los actores tienen que atravesar el vestíbulo (donde hay una cafetería y una pequeña librería) cuando el movimiento de la pieza les exige entrar por el otro lado del escenario. Al cruzar el vestíbulo en el momento del atraco, el actor Gabriel Porras pasó de la comedia ligera estilo Broadway a una situación pirandelliana de nota roja: el boletero y la encargada de la dulcería estaban acostados bocabajo, mientras uno de los ladrones les apuntaba con un revólver y el otro saqueaba la caja.

Sorprendido por la aparición del actor, el asaltante le ordenó tirarse al suelo. Con una frialdad insólita, Gabriel sólo puso las manos arriba y explicó al rufián que no podía obedecerlo, pues tenía que regresar a escena. Su profesionalismo debió conmover a la pareja de ladrones, porque en vez de meterle un plomazo lo dejaron volver al foro, donde siguió actuando sin transparentar su angustia. Sus compañeros no se dieron cuenta de lo ocurrido hasta el final de la obra, cuando Gabriel, tras agradecer los aplausos (nunca tan bien merecidos) se encerró a llorar en su camerino. El joven director Sergio Zurita, que me contó la historia, todavía no sabe si Gabriel lloraba de la impresión o por la rabia de haber vivido fuera del escenario su momento de mayor intensidad dramática.

¿Por qué el hampa capitalina, implacable con el resto de la sociedad, se muestra tan respetuosa con los actores, al extremo de no interferir en su trabajo? Algunos hechos recientes, como la avalancha de noticieros amarillistas y la inclusión del excondenado a muerte Ricardo Aldape Guerra en el reparto de la telenovela *Al norte del corazón*, inducen a pensar que el episodio del Foro Shakespeare fue un gesto solidario del crimen organizado hacia la familia actoral, que los hampones sienten muy próxima, pues comparten con ella la noble función de entretener a las masas.

Si el hampa todavía no cobra por sus actuaciones, en los hechos ya está desplazando a los actores profesionales, pues los programas informativos de nota roja han robado gran parte de su audiencia a las telenovelas. Como recurso desesperado, algunos productores intentan que sus culebrones se parezcan lo más posible a los noticieros sanguinolentos, y ya entrados en gastos, han empezado a contratar delincuentes reales, para darles mayor realismo a sus balaceras. La moda de combinar la ficción con el *reality show* coloca en desventaja al gremio actoral, pues mientras un actor o una actriz principiante deben sortear el acoso sexual de los carcamales que manejan la industria (con el riesgo de arruinar su carrera si el ejecutivo sufre un infarto en pleno acostón), se ha vuelto relativamente fácil conquistar el estrellato a punta de pistola.

Aunque los hampones muchas veces pagan con sangre sus 15 minutos de fama, sus hazañas generan grandes ganancias a las televisoras, en especial a TV Azteca, que siempre llega primero al sitio donde corre la sangre, y cuando no muestra los sesos desparramados en el suelo, por lo menos nos obsequia un *close up* con la sábana manchada de sangre. La violencia urbana es un negocio redondo, pues garantiza un alto *rating* con un mínimo costo de producción. Indefensos ante la rapiña noticiosa, los ladrones y asesinos que aparecen en los reportajes "de alto contenido social" no pueden exigir regalías por la explotación de su imagen, pues para ello deberían formar un sindicato del crimen, como el que funcionaba en tiempos de Juan Orol. En cambio, los actores ya están sindicalizados y tienen la fea costumbre de cobrar por cada aparición en pantalla. Eso explica por qué TV Azteca se ha negado sistemáticamente a pagar repeticiones a la ANDI (la Asociación Nacional de Intérpretes), mientras extiende sus tentáculos en el mundo del hampa, donde los actores no cobran porque están detenidos o muertos.

Si la fórmula de sustituir actores por delincuentes tiene éxito, las estrellas del futuro serán pistoleros sobreactuados como Rafael Moro Ávila, el asesino de Manuel Buendía, que a principios de los ochenta trabajó en varias películas de matones, donde ya se perfilaba como un gran conocedor del oficio; o Gilberto Flores Alavez, el celebérrimo nieto de los Flores Muñoz, que después de matar a sus abuelos a machetazos estudió teatro con Nancy Cárdenas, mientras purgaba su condena en el Reclusorio Norte. No cualquier criminal triunfará en la escena, sólo aquellos que sepan proyectar sus emociones, por haberlas experimentado previamente en homicidios reales. En cuanto a los pobres actores egresados del INBA y del CUT, deberán elegir entre vender enciclopedias, ejercer la prostitución o hacerse notar con algún asalto bancario.

VIII

PODERDUMBRE

LA EVITA DE KAFKA

Como Jesucristo o Mahoma, Evita Perón es un personaje que provoca disputas entre sectas que intentan apropiarse de su legado, o cuando menos de su imagen, ya sea para interpretar la historia a su conveniencia o con abiertos fines de lucro. En la actualidad se exhiben en México dos versiones cinematográficas de su vida que difieren tanto como los evangelios del Nuevo Testamento: la archipublicitada comedia musical de Alan Parker, con Madonna y Antonio Banderas en los papeles estelares, y *Evita: la verdadera historia*, réplica del cine argentino (o más bien, del partido peronista) a las mistificaciones de Hollywood. El evangelio peronista llega a ser fastidioso por su inepta verbosidad, pero tiene el mérito de explorar cómo se fue incubando en Evita lo que sus enemigos llamarían rencor social, y sus admiradores, conciencia de clase. Por ser hija natural, Evita fue humillada en el funeral de su padre —un burgués de provincia— y le cobró tal animadversión a la oligarquía argentina que, al detentar el poder como primera dama, se erigió en defensora del pueblo y declaró la guerra a los explotadores. Primitiva como una legumbre, la santa patrona de los argentinos quiso abolir la pobreza con una gran cruzada de beneficencia, pero ese populismo ingenuo, que en su marido era cínico, le ha permitido sobrevivir al derrumbe de las ideologías, y hacer pareja con el Che Guevara en el santoral de los arquetipos justicieros.

Al parecer, Evita fue una esposa dominante que gobernaba detrás del trono, y de haber vivido unos años más, quizás hubiera desbancado a Perón de la presidencia. Pero murió antes de cumplir su objetivo, y ahora los guionistas soslayan esa rivalidad para no enturbiar la sublime historia de amor. Las dos películas que están en cartelera se regodean en la intimidad conyugal de Evita, sin prestarle demasiada atención a la hazaña más relevante del personaje: su apasionado y fervoroso romance con el pueblo argentino, que todavía es un enigma para muchos historiadores. Por lo general, un líder de masas es un gran actor, como lo señaló Bertolt Brecht a propósito de Hitler. En cambio, Evita fue una actriz tan mediocre que ni el propio Perón soportaba escucharla en las radionovelas de los años cuarenta. *La historia verdadera* no intenta disimular este defecto y nos la presenta arengando a las masas con chillidos escalofriantes, que sin duda fueron grabados en vivo. ¿Cómo es posible que el pueblo sometido a esa tortura no se rebelara contra la primera dama? ¿La masa obrera toleraba sus discursos a cambio de dádivas o Evita sostenía con ella una relación sadomasoquista?

Gracias a Madonna, creo haber encontrado una respuesta al enigma. Mientras la escuchaba desentonar en el balcón de la Casa Rosada, recordé un premonitorio cuento de Kafka —"Josefina la cantora y el pueblo de los ratones"— cuya semejanza asombrosa con la leyenda de Evita no debió pasar inadvertida a los ojos de Borges, Bioy Casares y Silvina Ocampo, que lo incluyeron en su famosa *Antología del cuento fantástico*. Josefina es una rata nacida para mandar que martiriza al pueblo con su horrible voz, pero nadie se atreve a imponerle silencio, pues el poder hipnótico que ejerce sobre los ratones no sólo los obliga a escucharla, sino a rogarle que cante. Según el narrador de la historia —un ratón disidente—, la entronización de Josefina se debe a un malentendido entre ella y su auditorio: "Muchas veces me parece que el pueblo concibe su relación con Josefina como si este ser frágil, necesitado de indulgencia, estuviera confiado a él. Josefina piensa al contrario que es ella quien protege al pueblo. Parecería, en efecto, que su canto nos salva de malas situaciones políticas o económicas, y cuando no ahuyenta la desgracia, nos da siquiera la fuerza para soportarla".

El arrastre popular de Evita creció a medida que su enfermedad se agravaba, pues fue entonces cuando los descamisados se sintieron protectores de su protectora, como los ratones que compadecían a Josefina y a su vez eran objetos de compasión. La mayoría de los hombres que han arrastrado multitudes se presenta ante la masa como figuras de autoridad moral. Evita estableció con el pueblo una relación de víctima a víctima, pues la gente que la idolatraba veía reflejada en ella su propia debilidad. Sabemos que el culto de la fuerza y la identificación con los dictadores de hierro conduce al fascismo. Pero la identificación melodramática con los líderes desvalidos conduce a un paternalismo envilecedor, a un círculo vicioso de piedades equívocas que Kafka alcanzó a entrever en su alegoría ratonil, y la esposa de Perón hizo realidad en la Argentina de mediados de siglo. Desde luego, Evita no hubiera alcanzado su estatura mítica sin la ayuda de un pueblo incapaz de concebirse como adulto. "Obramos muchas veces del modo más tonto, justamente como los niños —confiesa el ratón kafkiano—. Hace tiempo que Josefina aprovecha esta puerilidad. Su chillido lastimero representa con exactitud la miserable existencia de nuestro pueblo." Idéntica a Josefina en su tono de voz, Evita lo fue también en el mensaje subliminal que transmitía a sus infantiles roedores: "Llora conmigo y sígueme hasta la muerte, porque los dos somos débiles y damos lástima".

POPULISMO HARAPIENTO

En la época dorada del populismo latinoamericano, cuando la demagogia no estaba reñida con el lujo, los redentores del pueblo se esmeraban en vestir con elegancia para hacerles sentir a los menesterosos que una deidad providente bajaba de las alturas a entregarles dádivas celestiales. La mejor exponente del populismo suntuoso fue sin duda Evita Perón, una glamorosa benefactora que recorría los cinturones de miseria envuelta en pieles y alhajas, regalando colchones, refrigeradores, sillas de ruedas y máquinas de coser. El boato de santa Evita era un elemento fundamental de su personalidad pública, pues a los ojos de la masa daba la impresión de ser un hada madrina con un arcón mágico o una reina que regalaba sus propios tesoros en un acto de sublime renunciación. Maestra en el arte de saludar con sombrero ajeno, la limosnera mayor de la Casa Rosada socorría a los descamisados a cuenta del erario público, pero el pueblo que le ponía veladoras pasaba por alto ese detalle administrativo, si acaso lo tomaba en cuenta. Para los pobres era una embajadora del cielo que repartía generosamente su inagotable riqueza en vez de acumularla con egoísmo, como las mezquinas esposas de los oligarcas argentinos.

Por conveniencia política, en otros países del continente donde redituaba más la simulación de la austeridad, predominó durante décadas el populismo de traje y corbata, es decir, el imperio de los licenciados vestidos con adusta formalidad, que a pesar de su aparente sencillez republicana se prestaban también al endiosamiento de su figura, como sucedió durante décadas con los monarcas sexenales del PRI, que entregaban escrituras de propiedad, desayunos escolares o redes de alcantarillado como si les hicieran un favor personal a los parias del reino. El pueblo sabía que los políticos de traje y corbata, o los de guayabera en el sexenio de Echeverría, no eran ángeles benefactores, pero su indumentaria imponía respeto, pues dejaba traslucir que habían conquistado el privilegio de repartir a su antojo un botín gigantesco.

Mientras la rapiña de la clase política estuvo regulada con moderación, y el crecimiento de la economía permitió abrigar a los pobres una remota esperanza de ascenso social, los pueblos de América Latina aceptaron con resignación el populismo de cuello blanco. Pero esa indumentaria se desprestigió para siempre en los años noventa, cuando los paladines del neoliberalismo económico, Salinas de Gortari, Menem y Collor de Mello, que pretendían desterrar para siempre el populismo, aprovecharon la privatización de las empresas públicas para saquear las arcas de sus naciones con una voracidad nunca antes vista en el continente. Desde entonces, el pueblo empobrecido aborrece a los tecnócratas con facha de catrines, un hartazgo que el ranchero Vicente Fox supo aprovechar en la contienda electoral de 2000, donde se presentó ante las masas como un sencillo hombre del campo metido a la política por un impulso patriótico. Fox no puede ser tachado de populista, porque nunca aspiró al papel de redentor y restringió su poder al extremo de no ejercerlo (sólo su esposa probó las mieles del mando), pero demostró que la mejor carta de presentación para un político es mostrarse ante el pueblo como una persona rústica y un tanto vulgar, una lección que se apresuraron a poner en práctica los nuevos populistas del continente.

La retórica justiciera de Hugo Chávez y Evo Morales tiene grandes similitudes con la de Evita Perón, pero en vez de utilizar la imaginería de los cuentos de hadas para despertar el fervor popular, ellos han eliminado de su atuendo cualquier signo de prosperidad burguesa para dejar bien claro que son hijos del pueblo. Se trata, pues, de aparentar ante la multitud, con la mayor teatralidad posible, que el poder no ha hecho mella en sus principios igualitarios.

Cualquier obrero o campesino podría llevar los suéteres de Evo o las camisas rojas de Hugo, pero esos signos de humildad contrastan con el culto a la personalidad que ambos han permitido florecer a su alrededor. Si de verdad son tan modestos y sencillotes, ¿por qué se han bajado del trono para subir a un altar?

El populismo harapiento no es una argucia política de reciente invención. En *Las mil y una noches* hay muchas historias de sultanes que imparten justicia en andrajos para hacerse respetar por el pueblo o abandonan sus palacios para irse a predicar al desierto como derviches. Sin llegar a los excesos miserabilistas de Chávez y Morales, en México López Obrador se ha esforzado al máximo por continuar esa tradición milenaria al ostentar su pobreza como un mérito cívico. ¿Le faltó poder de convencimiento en 2006 o la gente hubiera deseado verlo más prángana? Si la política de América Latina continúa por este camino, dentro de poco los candidatos presidenciales reclutarán a sus asesores de imagen en el gremio de los ropavejeros y la clave para ganar los debates electorales será lucir ante cámaras una corbata con lamparones o un hoyo en la suela del zapato.

EL COSTO DE LA POBREZA

Con frecuencia, los comunicólogos que defienden las causas populares —ya sea de buena fe o para medrar con ellas— acusan al cine y a la televisión comercial de ofrecer un reflejo distorsionado de la pobreza. En efecto, las telenovelas mexicanas y el cine de Hollywood rehúyen el tratamiento realista de la pobreza. Por lo común, los productores intentan suavizarla o adecentarla, para ocultar sus llagas y sus infiernos, pero se trata más bien de un cálculo mercantil que de una operación maquiavélica. Según el catecismo de la vieja izquierda, que todavía repiten como loros muchos profesores universitarios, la burguesía explotadora se resiste a exhibir la pobreza tal como es en los medios de comunicación bajo su control, porque un espectáculo tan consternante despertaría la conciencia social de los oprimidos. Esta explicación es ingenua y absurda, porque ni los pobres necesitan verse reflejados en una pantalla para descubrir sus carencias, ni los empresarios actúan siempre como un bloque disciplinado, pues con tal de hacer dinero muchas veces atropellan sus intereses de clase.

Dos hechos del pasado reciente demuestran que la clase empresarial no tiene *esprit de corps* cuando se trata de obtener ganancias: las inversiones privadas en Cuba y el autoflagelo de un sector de la industria editorial mexicana en los años setenta, cuando Siglo XXI, Grijalbo y Era obtuvieron grandes utilidades con libros de teóricos marxistas que proponían la abolición de la libre empresa. Si fuera negocio exhibir la miseria en toda su crudeza, los grandes tiburones del espectáculo no vacilarían en explotar esa veta, aunque ello significara hacer propaganda contra el sistema capitalista. Pero la exhibición de la pobreza siempre ha tenido bajos niveles de audiencia, quizá porque la mayoría del auditorio vive inmerso en ella. Por una mezcla de dignidad y pudor, los pobres no quieren verse al espejo, menos aún cuando son objeto de compasión. Así lo han comprendido los publicistas del PRD en la contienda por la jefatura de gobierno del D. F., al diseñar una campaña de *spots* televisivos que pone el énfasis en el futuro esperanzador y no en la realidad oprobiosa. En cambio el PAN, que apenas ayer descubrió la miseria urbana, se ha propuesto denunciarla con tintes dramáticos (panorámica de una ciudad perdida, niños harapientos, etc.), y las encuestas indican que su campaña publicitaria está fracasando. Moraleja: cuando juegues al redentor, no desmoralices a tu clientela.

Si en términos de mercadotecnia electoral el espectáculo de la pobreza es impopular, para los escenógrafos de cine y televisión representa un lujo incosteable. Los estragos que la miseria va causando con el paso del tiempo en una vivienda humilde no son fáciles de imitar en un set. De ahí que muchos directores de cine prefieran filmar en locaciones cuando la historia exige reproducir con fidelidad el interior de una casa pobre, como lo hizo Arturo Ripstein en *Mentiras piadosas*. Por una cruel paradoja, en la producción de telenovelas cuestan más dinero los sillones despanzurrados, las manchas de salitre y las cortinas raídas que los decorados de las casas ricas. Como los buenos vinos, las casas pobres no se pueden falsificar de un día para otro, porque son el resultado de una larga erosión. Para copiar su deterioro, los escenógrafos tienen que trabajar el doble, y en el mejor de los casos sólo consiguen aproximarse a la pobreza genuina, lo que resulta fatal en una telenovela de corte realista.

En 1988, cuando se iniciaban las grabaciones de la telenovela *Tal como somos*, donde yo colaboré como argumentista, un carpintero de los talleres de Televisa me comentó que con el dinero invertido en afear y avejentar el costoso cuchitril donde vivía la heroína —una mujer del pueblo sojuzgada por su marido— él hubiera remodelado y embellecido su humilde casa en San Juan de Aragón. El comentario se me grabó en la memoria, pues encierra una reflexión muy aguda sobre el costo de la pobreza. Como si la realidad fuera una telenovela, los gobiernos de los últimos 30 años también han practicado el juego perverso de invertir fuertes cantidades para crear pobreza, si bien a mayor escala y con resultados más tremendistas. La gran tragedia de México no es que tengamos 60 millones de pobres, sino que el Estado haya contraído una deuda descomunal para producirlos. César Vallejo calculaba en *Poemas humanos* "la enorme cantidad de dinero que cuesta el ser pobre". Otro poeta, Gabriel Zaid, ha estudiado esa aberración en sus libros de economía, pero sus brillantes ideas para romper el círculo vicioso del progreso improductivo dejarían sin trabajo a los atinados economistas del régimen, que lo tachan de utópico y primitivo. Con mis cortas luces ignoro si las ideas de Zaid son aplicables o no, pero al menos ofrecen una alternativa, mientras ellos han realizado la hazaña histórica de fabricar a los pobres más caros del mundo.

SOCIOLATRÍA

Desde julio del año 2000 se ha puesto de moda componer panegíricos de la sociedad mexicana en prensa, radio y televisión, como si el cambio de régimen nos hubiera convertido de la noche a la mañana en un dechado de perfecciones. Contraponer la honradez y la nobleza de los ciudadanos libres a la rapiña gubernamental fue un recurso ideológico útil para unificar a la sociedad en su batalla contra la dictadura más provecta del mundo. Había que impulsar una corriente de opinión mayoritaria en favor de la democracia para vencer a una mafia omnipotente y cualquier simplificación era bienvenida con tal de lograrlo. Pero desde el momento en que el pueblo mexicano alcanzó la mayoría de edad, la sociolatría empezó a desgastarse. La exaltación de las virtudes cívicas ha degenerado en cursilería, y si el periodismo de combate quiere seguir mereciendo ese título debería combatir en primer lugar el narcisismo de la sociedad victoriosa.

En los años setenta, el politólogo Carlos Pereyra hizo una brillante aportación al debate político nacional cuando propuso que la izquierda mexicana debía situarse a la vanguardia de la sociedad civil para obligar al estado corporativo a abrir espacios democráticos, en vez de crear las condiciones para la revolución, como indicaban los viejos manuales marxistas. Representar a un cuerpo tan heterogéneo como la sociedad civil significaba en los hechos abrirse a una política de alianzas con otras fuerzas sociales. La estrategia imaginada por

Pereyra dio fruto en la insurrección ciudadana de 1988, cuando el Frente Democrático derrotó en las urnas al aparato gubernamental, con mucho menos dinero que los Amigos de Fox y sin tener acceso a los medios de comunicación masiva. Se había logrado unificar a grupos antagónicos bajo una bandera pluriclasista y revertir con éxito la cerrazón ideológica de la izquierda. Sin embargo, a partir de la entrada en escena del EZLN, el Subcomandante Marcos redefinió el concepto de "sociedad civil" con un criterio sectario, para excluir de ella a los propietarios agrícolas, a los industriales, a los comerciantes, a los panistas, a los perredistas, a los indígenas beodos, a los intelectuales burgueses, a los reporteros de Televisa, a los caricaturistas que no le queman incienso y, en general, a cualquiera que realice una actividad con fines de lucro, sin importarle que 90% de la población pertenezca a este perverso conglomerado. Desde entonces la sociedad civil es una entelequia sin capacidad aglutinadora.

Mientras el poetastro de Las Cañadas purgaba a la sociedad civil de elementos indeseables, la derecha empezó a fraguar su propia sociolatría, basada en la tradición antigobiernista conservadora. Cuando México perdió la guerra con Estados Unidos, Lucas Alamán formuló un diagnóstico de los problemas nacionales muy similar al de Vicente Fox en su campaña por la presidencia: "Todo lo que ha podido ser obra de la naturaleza y de los esfuerzos de los particulares ha adelantado; todo aquello en que debía conocerse la mano de la autoridad pública ha decaído: los elementos de la prosperidad de la nación existen, y la nación como cuerpo social está en la miseria". Fox conquistó el voto antipriista de muchos adversarios ideológicos gracias a su plataforma incluyente, pero su filiación partidaria lo aproxima, sobre todo, a los grandes capitalistas y a la clase media conservadora. Son estos sectores los que ahora se autoelogian sin medida y, a juzgar por su retórica triunfalista, creen haber desempeñado un papel decisivo en la muerte del dinosaurio.

Suponiendo que los grandes empresarios sean, como creía Alamán, el único elemento sano de la sociedad, su reciente despertar político suscita varias preguntas: ¿por qué tardaron tanto en salvar al país? ¿Cuándo dejó de convenirles su alianza con el PRI? ¿La propaganda gubernamental les impidió oler la podredumbre en el sexenio de Carlos Salinas o más bien formaban parte de ella? Una clave para comprender los móviles de nuestros oligarcas es que, si bien solían quejarse en secreto de la familia gobernante, sólo empezaron a combatirla en serio cuando la inseguridad provocada por el desastre económico del 94 se volvió insoportable. Mientras el régimen logró mantener a raya la delincuencia, ni los magnates ni la clase media partidaria de la inmovilidad se inmutaron jamás por la falta de democracia, ni por los estragos de la miseria, ni por el asesinato masivo de militantes opositores: fue preciso que el hampa tomara por asalto las colonias residenciales, que la ola de secuestros creara una psicosis colectiva entre las familias acaudaladas, que los barones del narcotráfico gobernaran varios estados por medio de testaferros y que las señoras de sociedad padecieran el oprobio de ir al excusado con 14 guaruras, para sacar de su letargo a estos ciudadanos modelo. El PRI perdió el poder, principalmente, por haber consentido y usufructuado la corrupción policiaca a costa de la paz social. Pero si hubiera tenido una policía eficaz, como la Guardia Civil del franquismo, sus aliados con poder económico difícilmente le hubieran vuelto la espalda.

No pretendo condenar a la clase empresarial en bloque, pues de ella también han salido luchadores sociales como Manuel J. Clouthier, que hicieron grandes sacrificios para militar en la oposición. Pero si queremos deslindar las lacras imputables al difunto sistema político de los problemas que la propia sociedad ha engendrado, más nos valdría empezar a vernos tal como somos.

LA CIUDAD Y LOS PERROS

Parafraseando a Emiliano Zapata, en la Ciudad de México la calle es de quien la trabaja, o más bien, del primero que sienta sus reales y le pone sello de propiedad. Desde que la crisis económica empezó a tocar fondo, en las zonas con alta concentración de automóviles, los desempleados utilizan lo que Juan Villoro llama "la cubeta de mando" para apropiarse los lugares de estacionamiento, previa mordida a los patrulleros de la zona donde trabajan. Parquímetros humanos, los cubeteros han expropiado ya una inmensa cantidad de kilómetros cuadrados, pero son una lacra menor comparados con los vecinos que se adueñan de calles enteras. El cierre de calles es un atentado a la libertad de tránsito que las autoridades capitalinas han consentido por su incapacidad para frenar a la delincuencia y brindar seguridad a la población. En los nuevos fraccionamientos de la periferia y en los condominios horizontales, la privatización de las calles no es ilegal, porque sus habitantes son dueños del terreno asfaltado. Pero en muchas otras colonias que antes fueron periféricas y ahora son céntricas, el cierre de calles es un fraude a la nación que beneficia a un pequeño grupo de gandallas y perjudica al resto de la sociedad, urgida de vías alternas para evitar los congestionamientos de tránsito.

Por la manga ancha con que el delegado de Coyoacán concede autorizaciones para levantar bardas y rejas, en colonias como la Campestre Churubusco, muchos vecinos tienen un enorme patio de juegos por el que no pagaron un solo centavo. En todos los casos, el pretexto para cerrar las calles han sido los robos a casas habitación, que ciertamente han menudeado en los últimos años. Pero si por cada casa robada la delegación permite cerrar una calle, dentro de poco no se podrá circular por ninguna parte. El temor a la delincuencia no es la única razón que los dirigentes vecinales invocan para restringir el acceso a sus calles y apropiarse de los bienes públicos. Hace dos o tres años, la fascistoide Asociación de Colonos de la Campestre se propuso aislar por completo la colonia, cerrando todas las calles que desembocan en Canal de Miramontes. En una circular enviada a los vecinos, los líderes confesaron que su objetivo no era sólo ahuyentar a la delincuencia, sino impedir que la chusma de las colonias Álamos, Prado y Portales invadiera nuestros parques los fines de semana. El roce con la gente de medio pelo les parecía intolerable, decían, porque nuestra colonia, tradicionalmente habitada por empresarios y profesionistas, debía mantener la exclusividad hasta en sus áreas verdes. Por fortuna, el vecindario resultó menos aristocrático de lo que ellos creían, pues cuando intentaron levantar el muro de Berlín, los vecinos descontentos formamos brigadas de respuesta rápida y derribamos las bardas a golpes de pico.

Pero como el delegado sigue otorgando permisos a manos llenas (sus buenos moches le tocarán), las bardas han proliferado y la colonia se ha vuelto un archipiélago de fortalezas. Junto con las rejas, las plumas y las casetas de vigilancia, ocupadas por indefensos policías armados con macanas, los vecinos más paranoicos han traído un ejército de perros guardianes que dejan sueltos en las calles donde todavía circulan peatones. A pesar de su aparente civilidad, las familias atrincheradas no se responsabilizan por los ataques de sus canes, ni limpian la mierda que rocían en los parques. Las mascotas no sólo muerden a los intrusos plebeyos de la Álamos, como seguramente desean sus dueños, sino a los propios vecinos de la colonia, incluyendo a ancianos y niños de brazos. Sometidos a un régimen de terror, los deportistas que salen a correr en los parques cargan palos y varillas para defenderse de la jauría. Yo mismo he sufrido varias corretizas por huir de perros que me han gruñido en la calle, pues no quiero saber en carne propia si de veras muerden o no. Reclamarle al dueño es inútil, pues obtengo siempre la misma respuesta: "No le tenga miedo, no hace nada". Eso me dijeron en Guadalajara hace 15 años, cuando un dóberman a quien su dueña creía inofensivo me arrancó media nalga. En otros países es obligatorio sacar a los perros con correa, pero en México amamos tanto a los animales que hacemos todo lo posible por imitarlos. Huevona y despreocupada, la gente tapa el pozo cuando ya se ahogó el niño y cree que un perro sólo es temible cuando cobra su primera víctima.

El Distrito Federal se ha fragmentado en islotes incomunicables, ya sea porque la delincuencia tiene bajo control colonias enteras, como en el caso de la Buenos Aires, o porque los habitantes de las zonas residenciales han erigido *bunkers* a prueba de nacos. Entre ambos extremos de la ciudad hay una tierra de nadie donde los perros empiezan a imponer su ley, disputando a los peatones cada palmo de terreno. En los cinturones de miseria, los canes fueron mayoría desde los tiempos de Manuel Payno, que les dedicó algunos pasajes memorables en *Los bandidos de Río Frío*. Ahora han extendido sus dominios a las colonias de clase media, donde ya tienen el poder *de facto*, porque la chilanga banda les ha entregado la calle. Cuando se junten con los perros famélicos de las barriadas, habrá llegado nuestra hora final.

LA OPULENTA MÉXICO

Cuando Santa Anna partió de San Luis Potosí a detener el avance de las tropas estadounidenses al mando de Zacarías Taylor, dirigió a sus hombres una arenga teatral en la que prometió ofrendar la vida por "la opulenta México" y proseguir el combate hasta colocar el pabellón tricolor "en el palacio de Jorge Washington". Más allá de su comicidad involuntaria, la arenga de San Luis refleja una malformación prenatal del nacionalismo mexicano. En una guerra donde estaba en juego la supervivencia de la nación, el comandante en jefe de nuestro ejército no prometía derramar su sangre por la República, sino por una minúscula parte de ella: la magnífica ciudad erigida en las ruinas de Tenochtitlán, que deslumbró al barón de Humboldt y todavía inflamaba de orgullo a los caudillos en el poder, si bien hacían todo lo posible por destruirla en cada revuelta. La exaltación de la capital en demérito de la República no fue un mero desliz retórico de Santa Anna, pues aunque las batallas contra el invasor tuvieran lugar en La Angostura o en Cerro Gordo, el general presidente invocaba siempre a la opulenta metrópoli amenazada por los filibusteros yanquis, tal vez porque buscaba elevar la moral de la tropa presentando la guerra como la lucha de un pueblo bárbaro contra una formidable ciudad-Estado.

Paradójicamente, Santa Anna nunca se sintió a gusto en la capital: detestaba el fétido olor de las acequias, la omnipresencia de los léperos, los pregones de los vendedores ambulantes cuando intentaba dormir la siesta, y prefería despachar los asuntos de Estado en las apacibles florestas de Tacubaya. Pero Santa Anna no escribía sus discursos. Para eso tenía a un *negro* de cabecera, el versátil y acomodaticio José María Tornel, principal ideólogo del militarismo patriotero en la primera mitad del siglo XIX. Con sus frases campanudas y sus oropeles retóricos, Tornel procuraba dar unidad y cohesión discursiva a un país descoyuntado que sólo existía como tal en la fantasía de sus gobernantes. Enemigo de Lucas Alamán, con quien sostuvo enconados debates, Tornel admiraba la civilización prehispánica y reconoció su papel primordial en la construcción de la nacionalidad, cuando la elite conservadora y buena parte de la prensa liberal abjuraban de esa herencia incómoda. El rumbo posterior del nacionalismo mexicano le dio la razón, pero no corrió con la misma suerte en otras empresas de afirmación ideológica.

Uno de sus errores más graves fue establecer una analogía entre la Roma de los césares y la opulenta México en plena guerra con Estados Unidos. Para motivar a nuestros alicaídos soldados, Tornel creyó pertinente recordarles por boca de Santa Anna que la capital del país fue alguna vez el corazón de un imperio invencible. Pero con ello sólo consiguió avivar el rencor de los estados hacia el gobierno central, un rencor que se venía incubando desde tiempos de la Colonia, cuando Bernardo de Balbuena excluyó a los provincianos de la grandeza mexicana y los llamó: "gente mendiga, triste, arrinconada, que como indigna de gozar el mundo, está de él y sus bienes desterrada". Entonces como ahora, muchos habitantes del interior pensaban que la capital tiranizaba a las provincias, y absorbía todas sus riquezas, sin ofrecerles a cambio provecho alguno. Ofendidos por la retórica de un caudillo que les restregaba en la cara la opulencia de México, y al mismo tiempo les imponía tributo, su represalia llegó en el momento más crítico de la guerra: cuando las fuerzas de Winfield Scott cercaron la capital, los gobiernos de Zacatecas, Guanajuato, Veracruz y

Tabasco no aportaron un centavo para su defensa. La defección más vergonzosa tuvo lugar en Puebla, donde el obispo Francisco Pablo Vázquez recibió a los invasores con un *Te Deum* en la catedral.

Siglo y medio después, la opulenta México es un chancro a punto de reventar, que oculta bajo tierra sus ajadas glorias imperiales. Si antes inspiraba respeto por su belleza, ahora intimida por su monstruosidad. Se supone que los tiempos han cambiado y que ahora somos una república federal. Pero en la memoria de los mexicanos humildes persiste el recuerdo de los tiempos en que la capital del país era o parecía una ciudad-Estado. La semana pasada mi sirvienta Rafaela me comentó con indignación que el gobierno de Cuauhtémoc Cárdenas había subido las tarifas del transporte público. Una queja razonable, dirán algunos. El problema es que ni Rafaela ni yo vivimos en el D. F. Desde hace unos años pertenezco a la legión de "gente mezquina, triste, arrinconada" que ha emigrado a Cuernavaca en busca de mejores aires. Rafaela sabe que el estado de Morelos tiene sus propias autoridades, pero creía que Cárdenas ordenaba desde México todas las alzas de precios. Le pregunté de dónde había sacado ese disparate.

"En la tele dicen a cada rato que Cárdenas es el gobernador de México."

Sin duda, la confusión de Rafaela se debe en parte a la campaña anticardenista emprendida por los principales noticieros de televisión desde que Cuauhtémoc asumió la jefatura del Distrito Federal. Con su linchamiento informativo, los enemigos de Cárdenas han logrado que un sector del público —el de menor instrucción y el que ya estaba predispuesto en su contra— lo responsabilice de todos los males acaecidos no sólo en la República Mexicana, sino en Indonesia, Brasil o Polonia. Pero la herencia histórica también cuenta. Para millones de mexicanos educados en la tradición autoritaria del centralismo, quien tiene el poder en la Ciudad de México gobierna por extensión en todo el país. De manera que a pesar de los ataques en los medios, el valor simbólico de la capital como centro de mando ha conferido a Cárdenas una temprana investidura presidencial.

La lucha política en México es a menudo una disputa por la apropiación y el usufructo de los símbolos nacionales. De tanto presentarse ante el pueblo como Benemérito de la Patria, Santa Anna llegó a creer que la patria era una emanación de su ego. Cuando un gobernante logra erigirse en símbolo nacional, sus defectos y debilidades pasan a formar parte de la idiosincrasia popular, lo que muchas veces genera una cultura del autodesprecio. Así ocurrió en tiempos de Santa Anna y así nos ha ocurrido en la segunda mitad del siglo XX, por haber tolerado el uso de los colores patrios en el escudo del PRI. El secuestro de la bandera tricolor por parte de los nuevos santanistas no sólo ha sido un instrumento eficaz para manipular el voto, sino un recurso desmoralizante que ha dañado gravemente la autoestima de la población. El mayor delito social del PRI no es haber sepultado la Revolución mexicana, sino haber convencido a generaciones enteras de que el servilismo, la corrupción, la indolencia ante los atropellos del poder son consustanciales al carácter del mexicano, y por lo tanto deben aceptarse como una tara genética.

Pero la opulenta México también es un símbolo de opresión para quienes observan su predominio cultural y económico desde otras regiones de la república. El grado de tensión entre la capital y el resto del país se puede calcular por un hecho lingüístico: no existe en el español de México una palabra lo bastante diplomática para nombrar a la gente del interior sin provocarle urticaria. Nada irrita más a los provincianos que ser catalogados con ese mote despectivo. El eufemismo "gente del interior" tampoco les agrada: los veracruzanos o los sinaloenses deploran con justa razón que se les llame así, pues en realidad son gente del litoral. Todos los chilangos hemos palpado la antipatía que nos profesan los provincianos, sobre todo en el norte del país. A veces el repudio es merecido, por los aires de superioridad de algunos capitalinos. En otros casos el anti-chilanguismo es un subterfugio psicológico para justificar fracasos personales. Pienso, por ejemplo, en los poetastros de cantina que atribuyen su falta de reconocimiento al ninguneo del centro.

Pero junto a las víctimas imaginarias de la injusticia geográfica, están las víctimas reales de la desigualdad regional. Los habitantes de pueblos miserables y olvidados de Dios no tienen suficiente instrucción para comprender que los chilangos son los principales perjudicados con el crecimiento de la capital. Acostumbrados a explicarse el mundo por medio de símbolos, creen que la opulenta México todavía sojuzga los señoríos de la periferia, como en tiempos de los aztecas. Temerosos de ser aplastados por la caída del viejo sistema político, los caciques locales explotan ese rencor para perpetuar su dominio y extorsionan a un gobierno débil con la amenaza de una balcanización, como sucedió en Tabasco cuando el presidente Zedillo quiso destituir de su gubernatura al delincuente electoral Roberto Madrazo.

Para reconciliar a la provincia con el centro hace falta erradicar el fantasma de la ciudad-Estado con un entierro simbólico. Aunque el nombre oficial de la ciudad es Distrito Federal, la costumbre de llamarla México a secas, como si el país comenzara y terminara en ella, todavía provoca resquemores a millones de mexicanos. Para dejar en claro que la ciudad ya no ejerce ningún predominio sobre el resto del país, convendría rebautizarla con un nombre menos burocrático —Estado de Anáhuac, por ejemplo— y llamar de otro modo al Estado de México, que también usurpa indebidamente el nombre de la república. Las palabras no transforman sociedades, pero ayudan a introducir cambios en la mentalidad de la gente. La otra opción es quedarnos cruzados de brazos y dejar crecer las tensiones centrífugas, hasta que los feudos caciquiles proclamen su independencia, como estuvo a punto de ocurrir en 1847.

PERIODISMO MINISTERIAL

A finales de 2001, un grupo de conspicuos abajofirmantes alzó la voz para impedir el cierre del periódico *El Día*, en solidaridad con los trabajadores del diario, sobre quienes pendía la amenaza de una liquidación. Más allá de su eficacia política, el desplegado tuvo un carácter informativo, pues muchos lectores ignorábamos que el fantasmal periódico aún existía. Pasado su efímero esplendor de los años sesenta, cuando era uno de los pocos espacios abiertos a la protesta civil, el viejo diario lombardista cerró filas con el oficialismo y fue perdiendo lectores hasta convertirse en un sucedáneo del papel higiénico, que sólo era utilizado como material de lectura en algunas peluquerías de Celaya. La práctica de inyectar vida artificial a un periódico en bancarrota suele perseguir fines políticos inconfesables. Por lo común, detrás del aparente dueño del diario hay un distinguido priista (o varios) que trata de hacer méritos o ejercer presión subrepticia para obtener puestos o canonjías. Sin embargo, los defensores de la prensa paraestatal, responsables de que *El Día* siga decorando los kioscos, suponen con extraño candor que sostener plazas de trabajo en cadáveres subvencionados por el erario beneficia al gremio periodístico.

La red de corruptelas que mantiene con vida los diarios oficialistas perjudica en primer lugar a quienes tienen la desgracia de trabajar en ellos. En la prensa comercial, el afán de lucro ha engendrado vicios como el amarillismo y el chantaje a las figuras públicas. Pero cuando el dueño de un diario no quiere ganar lectores, sino adular a funcionarios o dar zancadillas a enemigos políticos, ningún fotógrafo, reportero o articulista puede esperar que la buena calidad de su trabajo se traduzca en un aumento de ingresos. Escribir en un diario semiclandestino, cuyo director no hace nada por aumentar el volumen de ventas, pues obtiene financiamiento por otros conductos (publicidad oficial pagada a precios inflados, maquila de impresos para dependencias públicas, etc.), termina por malograr el talento del periodista mejor dotado. La figura emblemática del reportero borrachín y resentido que recibe embutes proporcionales al ridículo tiraje de su periódico no nació por generación espontánea: es la consecuencia más deplorable de haber trasladado la sinrazón burocrática al terreno del periodismo.

La costumbre mexicana de imprimir periódicos superfluos nació en la primera mitad del siglo XIX, gracias al afán protagónico de los caudillos con ambiciones presidenciales. En la época de los pronunciamientos, el primer paso para conquistar el poder era publicar un diario donde "los verdaderos patriotas" reprobaban la gestión gubernamental a nombre del pueblo cansado de sufrir. La abundancia de periodistas con un ambiguo sentido de la lealtad, a los que el Gallo Pitagórico llamó "muebles de traspaso", facilitaba la proliferación de publicaciones coyunturales que desaparecían una vez alcanzado su objetivo político. Como respuesta a los ataques de "la facción impía" empeñada en sembrar la discordia civil, los caudillos en el poder publicaban diarios subvencionados por el erario, los llamados periódicos ministeriales, que Manuel Payno satirizó en *Los bandidos de Río Frío*.

Si exceptuamos las épocas de Juárez, Madero y Lázaro Cárdenas, cuando la prensa gozó de absoluta libertad, la historia del periodismo mexicano ha sido una larga lucha para impedir que el Estado controle y tergiverse la opinión pública. Bajo la dictadura del PRI, la simulación de las libertades postergó durante décadas el surgimiento de diarios independientes.

El gobierno se valió de la censura y la amenaza de cortar el suministro de papel para escamotear al público la única información que de verdad le importaba. Los políticos en disputa por la presidencia usaban la prensa como un biombo para echarse lodo a trasmano. Quien deseara estar bien informado debía saber en qué secretarías cobraba cada articulista, con quién había cenado la noche anterior, cuál era su gallo en el juego por la sucesión y a quién buscaba beneficiar cuando criticaba la gestión de tal o cual funcionario. Fuera del cogollo político, sólo algunos privilegiados tenían acceso a ese código secreto. El gran público debía conformarse con una lectura incompleta y superficial de los diarios, que nunca penetraba el oscuro lenguaje de los periodistas alquilados para enviar señales equívocas. Incluso en los diarios con altos tirajes, la noticia más importante del día solía ser un criptograma que sólo interpretaban con acierto 50 o 100 hermeneutas acostumbrados a leer entre líneas.

Ese complejo sistema de exclusión informativa alcanzó su apogeo en tiempos del legendario Carlos Denegri, que a pesar de su notoria corrupción escribió por muchos años la columna política más leída del país. Vendido al mejor postor, Denegri nunca tuvo autoridad moral, pero la gente necesitaba leerlo para asomarse a los entretelones de la política, así fuera por una ventana turbia. Hoy sería imposible que un rufián tan descarado tuviera peso en la opinión pública. A costa de grandes sacrificios, los periodistas de México han conquistado por fin una independencia real, privilegio de doble filo que muchas veces utilizan para exhibir su pequeñez y su tontería. Sin embargo, el periodismo ministerial aún existe, y en los estados donde gobiernan los caciques del PRI es una carga muy onerosa para los contribuyentes. El cierre de *El Nacional*, mejor conocido como *El Naci*, parecía anunciar que el gobierno abandonaba la subvención de periódicos autistas. Pero de nada sirve haber cerrado nuestro *Granma* si el gobierno se vale de prestanombres para controlar otros diarios que desempeñan la misma función. Si yo fuera el doctor Zedillo, me molestaría pagar tanto por recibir elogios que nadie lee. Ya pasaron los tiempos en que el reyezuelo de Los Pinos necesitaba recurrir al autobombo para sentirse querido. Una alabanza pagada no puede halagar el ego de ningún vanidoso exigente.

LOS BESOS DEL PATO LUCAS

A medida que el PRI se desmigaja y avanza con paso firme al despeñadero, la cooptación de voces críticas por parte del gobierno está cayendo en desuso. Al parecer, los estrategas políticos del régimen ya no intentan seducir a sus adversarios con prebendas, regalos y canonjías, porque esa práctica sólo funcionaba cuando los críticos del sistema eran una minoría disonante en medio de la gran cargada de aduladores. Gracias a la presión de la sociedad, y a la apertura de los medios, ahora cualquiera puede enfrentarse al poder desde la prensa, el radio o la televisión, y por consecuencia la cooptación ha dejado de ser rentable, porque el presupuesto no alcanza para sobornar a una multitud.

Un político siempre busca sacar provecho de sus amistades, en especial cuando son forzadas. Según los cronistas políticos mejor enterados, Salinas de Gortari buscaba el trato personal con sus adversarios, y en muchos casos los intimidó con sus demostraciones de afecto. Émulo del Pato Lucas, incomodaba a sus enemigos con besos atronadores, y si no lograba hacerse querer, cuando menos los obligaba a moderar sus ataques. La mayoría de la gente cree que cuando un opositor se deja cooptar, necesariamente hay dinero de por medio. Sin embargo, numerosos testimonios de intelectuales y periodistas indican que muchas veces el opositor cooptado no recibe sobornos, ni se convierte en lacayo del presidente, pero queda envuelto en una maraña de complicidades porque ya no puede juzgar con severidad a quien considera su amigo.

Hasta el momento, y a pesar de la incipiente democracia, ningún líder de opinión o aspirante a serlo puede rehuir el trato con los jerarcas del régimen, so pena de cometer una imperdonable descortesía. Por sus propios testimonios, sabemos que los disidentes obligados a departir con altos funcionarios o con el mismo primer mandatario necesitan actuar con firmeza y cautela para pintar su raya sin faltar a las reglas del juego social. Así describe Julio Scherer su trato con Salinas en *Estos años*. Pero en ese terreno resbaladizo el exceso de colmillo puede ser tan peligroso como la debilidad de carácter, pues cuando un periodista acepta el trato frecuente y estrecho con políticos importantes, pero al mismo tiempo conserva su independencia, la gente que lo corteja puede considerarlo un traidor, como probablemente le sucedió a Manuel Buendía.

Valdría la pena dramatizar en una novela o en una película el proceso de cooptación de un intelectual, pues la idea que el público tiene al respecto es más bien superficial y boba. ¿Cómo se comporta un político experimentado cuando tiene que ablandar a sus enemigos? En el caso de los periodistas corruptos quizá le baste con sacar la chequera, pero cuando tiene que lidiar con un académico doctorado en el extranjero, sus métodos no pueden ser tan burdos. En tales casos, el camino a seguir es halagar la vanidad del adversario, convirtiéndolo en un interlocutor con acceso a secretos de Estado. Nada complace más a un politólogo que sentirse consejero áulico, aun cuando sus consejos nunca sean tomados en cuenta. Y como en México los bonos de un intelectual aumentan por su cercanía con el poder, hasta los intelectuales incorruptibles se ufanan de que el príncipe les haga ojitos. Para un analista político celoso de su prestigio, dejarse cooptar descaradamente puede ser una vergüenza, pero lo más doloroso para su ego es que nadie intente seducirlo.

Por fortuna se ha reducido al mínimo la preponderancia que los politólogos adictos al régimen alcanzaron en tiempos de Salinas y De la Madrid, cuando la opinión pública todavía era un rehén de los juegos cortesanos en Los Pinos. Pero aún falta esclarecer hasta qué punto la vanidad conformista de los intelectuales ha facilitado al gobierno su tarea de seducción. El principal defecto de nuestra comunidad cultural es haber permitido que la burocracia le imponga sus criterios de valoración y su ordenamiento escalafonario. El Estado ha creído siempre que difundir la cultura equivale a organizar una entrega de medallas y diplomas. Lo más grave de todo es que incluso los impugnadores del régimen avalen esa política y acudan gozosos a recoger sus migajas del presupuesto. Desde hace tiempo, los periodistas independientes boicotearon los ridículos Premios Nacionales de Periodismo, que la dictadura del PRI repartía año con año a sus corifeos. ¿Cuándo habrá una repulsa similar hacia los premios y becas que el aparato cultural otorga con la misma parcialidad?

Aunque la cooptación ya no funciona como instrumento de control político, todavía subsiste la mentalidad que la hizo posible. Hemos pasado de súbditos a ciudadanos, pero en el ámbito de la cultura todavía persisten los reflejos autoritarios. Mientras la cercanía con el poder sea una fuente de prestigio intelectual o artístico, la vida cultural de México seguirá siendo un pleito de callejón por obtener los favores del Pato Lucas.

LOS COBRADORES

Entre los reclamos escuchados en la megamarcha contra la inseguridad, celebrada en junio de 2014, no hubo, que yo recuerde, ninguna mención al coctel explosivo de marginación y resentimiento que ha ido polarizando a la sociedad mexicana desde principios de los ochenta, cuando empezó la crisis económica. Tal parece que en México no existe ninguna patología social, y que la responsabilidad por el clima de terror en las calles corresponde exclusivamente a la ineptitud del gobierno. Desde luego, la sociedad agraviada dio un paso muy importante al protestar en masa contra la impunidad del hampa y su infiltración en los cuerpos policiacos (la protesta civil debió empezar muchos años antes, cuando los gobiernos del PRI se coludieron con las mafias del crimen organizado). Ni Fox ni López Obrador, enfrascados en tercas disputas electoreras a mitad de sexenio, han cumplido la promesa de combatir el delito con eficacia, y la sociedad que cifraba grandes esperanzas en el cambio democrático tiene derecho a exigirles cuentas. Pero ese despertar cívico sería incompleto y hasta mezquino si los ciudadanos que tomaron las calles para protestar contra la inseguridad, muchos de ellos pertenecientes a familias acomodadas, no hicieran algo para combatir en sus propias filas las provocaciones racistas y los odios de clase que atizan la hoguera del rencor social.

Desde luego, el combate al que me refiero no puede limitarse a la adopción de buenas maneras para tratar a la servidumbre. Se trata, más bien, de cambiar los hábitos mentales que mantienen vigente el sistema de castas implantado desde la Colonia. Entre nosotros, el disimulo es un hábito aprendido desde la cuna y, por lo tanto, ningún discriminador se asume como tal en público: sólo algunos jóvenes criollos engreídos por su dinero cometen esa infracción a las reglas de urbanidad. Por eso no tenemos grupos abiertamente racistas como el Kukuxklán o el Frente Nacional de Le Pen: sólo discriminadores embozados, con buenos modales y fobias discretas, que desfogan en privado su odio visceral contra la naquiza o la indiada (la excepción a la regla serían los coletos auténticos de San Cristóbal de las Casas, ellos sí racistas declarados). De hecho, en el seno de algunas familias opulentas que han llevado a la perfección el arte de la doblez, suelen coincidir bajo el mismo techo el júnior patán con auto deportivo, aficionado a mojar a los nacos en las paradas camioneras, pasando a toda velocidad por encima de los charcos, y los padres que encabezan fundaciones para socorrer a los niños de la calle.

En México no hay una discriminación abierta por motivos de raza o de clase, pero la discriminación velada se practica a diario en diferentes ámbitos de la vida social y sus efectos están a la vista de todos. El principal objetivo de la educación pública es dar oportunidades de ascenso social a los pobres, pero en la práctica, las empresas privadas rechazan por sistema a los egresados de las universidades públicas, sin molestarse siquiera en probar su capacidad. En cambio, los estudiantes del Tec o la Ibero tienen garantizado el empleo desde antes de terminar la carrera. La democracia trajo la apertura informativa a la televisión, pero hasta ahora, ningún movimiento ciudadano ha logrado eliminar el racismo velado de la pantalla chica, ni el gobierno de Fox ha tomado cartas en el asunto, a pesar de haber creado una dependencia encargada de combatir la discriminación en todas sus formas. Es ridículo y aberrante que en un país con 80% de su población cobriza y mestiza los estelares femeninos de las telenovelas sean interpretados exclusivamente por actrices blancas y rubias, grotescamente travestidas como muchachas del pueblo. Para los productores de telenovelas, el *miscast* más flagrante siempre será preferible a la presencia en pantalla de una beldad prieta.

A finales de los ochenta escribí con Carlos Olmos el argumento de la telenovela *Tal como somos*, protagonizada por una joven taxista, y en una junta de trabajo se me ocurrió proponer para el papel estelar a la cantante de cumbias Laura León, que daba muy bien el tipo de la heroína. Sorprendido por mi disparate, el productor soltó una carcajada: "Esa naca jamás encabezará uno de mi repartos", exclamó, y le dio el papel a Leticia Calderón, una belleza criolla de ojos verdes, que sólo en Copenhague podría manejar un taxi. Como resultado del veto no declarado contra la raza de bronce, algunas de nuestras mejores actrices, como Blanca Guerra, María Rojo o Vanessa Bauche, jamás han tenido un estelar en televisión.

Los modelos excluyentes de belleza han socavado durante décadas la autoestima del público, pero los dueños de las televisoras no quieren apartarse un milímetro de este cartabón racial ni parecen tener conciencia del daño que están haciendo. Yo pude constatarlo en mi propia familia, cuando mi hija Lucinda, a los 4 o 5 años, comenzó a lamentarse de ser morena, en vez de haber nacido rubia, como las princesas de las caricaturas. Tras una difícil campaña de persuasión, su madre y yo logramos quitarle esa idea de la cabeza. Pero los grupos más vulnerables de la sociedad no siempre tienen a la mano un contrapeso psicológico para digerir el bombardeo de imágenes que los muestran como una casta inferior. Sólo una voluntad de acero puede resistir esa andanada de golpes. Algunos la tienen y a fuerza de orgullo encuentran un espacio en la sociedad que los excluye de la belleza, de la cultura y del bienestar, pero los marginados con menos temple de carácter, o los más inermes a la manipulación, tarde o temprano pierden la esperanza y se resignan a arrastrar por las cantinas el cadáver de su amor propio.

A diferencia de otros países, donde la discriminación fortalece el orgullo de los grupos marginados, en México suele provocar lo contrario: una identificación masoquista con las fobias y los prejuicios de la casta dominadora. Se ha producido así una cultura del autodesprecio que exacerba los complejos de inferioridad y desmoraliza al pueblo en sentido contrario a la exaltación oficial de lo mexicano. Cuanto más cacareamos nuestro orgullo nacional, más crece en el alma colectiva la sospecha de que somos un país defectuoso y condenado al fracaso. Por eso millones de mestizos creen que la mejor forma de mejorar la raza es blanquearla. Desde luego, las comunidades indígenas del país siguen siendo bastiones importantes de orgullo racial y cultural. La arrogancia de los yaquis, por ejemplo, ha sido un arma defensiva muy eficaz contra cualquier modelo de vida que pretenda vilipendiarlos (y al mismo tiempo, una rémora para integrarlos a la economía productiva). Pero los mestizos de las grandes ciudades, y en general los marginados que han roto sus viejos lazos comunitarios para luchar por la supervivencia y se enfrentan a diario con la exclusión social, tienden a caer en la sumisión agachada o en su reverso: la enfermiza voluntad de poder que brota del resentimiento.

El lenguaje es el mejor espejo para ver reflejadas las patologías sociales, y en México, de unos años para acá, los pobres han extremado sus precauciones para dirigirse a cualquier persona que ocupe un rango superior en la escala social, así sea en el trato momentáneo entre el cliente y el empleado de una tienda. Como si formular preguntas directas a los de arriba fuera una insolencia o un desacato a la autoridad, se ha puesto de moda anteponerles una afirmación: "¿Sí va a querer que le dé una factura? ¿Sí me da dinero para el mandado? ¿Sí me puede mostrar su credencial de elector?". Al parecer, la mera posibilidad de una negativa lastima de tal modo a quien hace la pregunta, que prefiere asentir de antemano para evitarse un doloroso rechazo. En el fondo de este hábito verbal, que ha retorcido más aún la ya de por sí escabrosa cortesía mexicana, parece haber un ruego implícito: si de cualquier modo vas a imponerme tu voluntad, si estoy obligado a obedecer tus órdenes, por lo menos ten la clemencia de no clavarme en la espalda el aguijón de un *no*.

Quien observe a los jugadores de futbol llanero o a los mecánicos de un taller automotriz notará que su verdadero carácter es agresivo, socarrón, irrespetuoso y ladilla. Entre ellos los *nos* van y vienen, acompañados de mentadas y albures, sin causar heridas de ninguna clase. Así son también los chavos banda, tal vez porque todavía no están sujetos a las coacciones del orden social. ¿Por qué suavizan sus modales a extremos serviles cuando ocupan una posición subordinada? ¿Se trata de un reproche velado contra la sociedad que los margina y, en el mejor de los casos, les arroja un mendrugo? Por una extraña coincidencia, la época de mayor tersura en el trato comercial y laboral, donde el *sí* predomina hasta el empalago, es también la época de mayor criminalidad. ¿No habrá un pantano escondido detrás de esta paradoja?

Para sondear ese pantano tal vez sea necesario examinar a fondo la personalidad de un tipo social que ejemplifica nuestras peores contradicciones: el discriminado discriminador. Por fortuna ya tenemos un gran estudio psicológico de este comportamiento esquizoide en la novela de Xavier Velasco *Diablo guardián*, protagonizada por una joven morena de clase media, Violeta, cuyo racismo autodenigrante la lleva a prostituirse en Manhattan con tal de escapar a su condición de naca. Violeta no es un caso aislado: la figura del oprimido que asume como propias las fobias de sus amos prolifera por doquier en la vida mexicana contemporánea. Los cadeneros que seleccionan a la clientela juvenil de las discotecas bajo la premisa de rechazar a la gente de su propio color, los empleados bancarios renuentes a pagarle un cheque a un albañil, los burócratas que se vuelven dictadores en pequeño cuando la gente humilde les solicita un servicio, los capitanes de meseros empeñados en darles mesas rinconeras a la gente mal vestida, las recepcionistas de Televisa que hace años le negaron la entrada a Roman Polanski por traer huaraches; todas esas caricaturas grotescas del rey Ubú parecen haberse confabulado para tensar la cuerda de los conflictos sociales y crear una atmósfera irrespirable. Por momentos, la sociedad mexicana se asemeja a un enorme cuartel regido por la ley de volcar en el subalterno el odio acumulado contra el superior. Pero nadie goza tanto la miserable revancha de sojuzgar al de abajo como el hampón con placa, elevado en un santiamén de la indigencia al poder absoluto. Ese renegado se distingue de sus congéneres porque sus desquites hepáticos dejan un reguero de sangre.

Cuando iba en la primaria, mi sueño dorado y el de muchos de mis compañeros era conseguir una charola de la Judicial para entrar al cine gratis, portar metralletas y manejar a la máxima velocidad apartando a los coches que se cruzaran en nuestro camino. Atribuíamos poderes mágicos a esas credenciales, por haber visto cómo transformaban a sus dueños en seres intocables y todopoderosos. Al parecer, los judiciales de ayer y de hoy han codiciado siempre ese talismán con el mismo anhelo infantil de transformarse en superhombres. Pero a diferencia de nosotros, que habíamos crecido en familias de clase media, cobijados por la protección económica y el calor del hogar, ellos vienen del lumpen y arrastran consigo una larga cadena de humillaciones. En México, los jóvenes resentidos ingresan a la policía por las mismas razones que en otros países los llevan a delinquir. La posesión de una charola es un requisito para entrar a las ligas mayores del crimen organizado, pues sólo algunos raterillos de poca monta se colocan abiertamente del otro lado de la ley, cuando el gran negocio es robar y matar en su nombre.

Sin embargo, como saben todas las víctimas de asaltos y secuestros, los policías venales no se comportan frente a sus víctimas como cínicos impostores, ni evitan acreditarse como guardianes de la ley en el momento de cometer un delito.

Al contrario: se ufanan de serlo como parte de su estrategia intimidatoria. Además de darles una coartada moral, la investidura policiaca les brinda apoyo psicológico, pues los ayuda a convencerse de que en el fondo están haciendo justicia. Ningún hampón con placa dirá nunca: "esto es un asalto" o "esto es un secuestro", más bien prefieren hacer la faramalla de un arresto. Así el robo queda transformado en operativo y su ejecutor puede actuar sin sentimientos de culpa, legitimado por la convención teatral impuesta a la víctima.

En cuanto a la clase de justicia que imparten los macehuales erigidos en superhombres, tuve la desgracia de conocerla a mediados de los noventa, cuando una banda de judiciales me asaltó a la salida de un bar de la colonia Roma. Obligado a ovillarme en el asiento trasero de un auto negro, con una pistola clavada en la nuca, lo que más me asustó, en medio de la confusión y el estupor, fue el odio ancestral de los asaltantes, que no me trataban como si fuera una víctima anónima elegida al azar, sino un viejo enemigo a quien hubieran perseguido por años. Ni siquiera se molestaron en apagar el transmisor que los delataba como policías: querían que yo lo oyera y me sintiera "detenido". De entrada les ofrecí todo mi dinero, pero esa adivinación prematura de sus móviles los irritó más aún y me dieron una golpiza por hablar sin permiso. Su conducta me recordó el hipersensible orgullo de los agentes de tránsito, que se ofenden cuando el conductor les ofrece mordida de buenas a primeras, sin darles su lugar y disculparse previamente por la infracción cometida. Con la madriza, mis asaltantes querían dejar en claro que para ellos el dinero era secundario: no aceptarían mi mugrosa cartera si yo no los trataba con el respeto debido a su jerarquía. Comprendí las reglas del juego y para no romper la ilusión del arresto mantuve la boca cerrada. El largo preámbulo antes del robo me infundió terror, pero gracias a mi obediente silencio logré salvar el pellejo.

Quizás en los países desarrollados, donde está bien delimitada la frontera entre la delincuencia y la autoridad, los rufianes no tengan esa compulsión neurótica de anteponer la dignidad a cualquier interés monetario. Pero como bien observó Rubem Fonseca en su extraordinario cuento "El cobrador", en Latinoamérica la violencia criminal es ante todo una tentativa por fundar una nueva autoridad sobre las bases del orgullo pisoteado. En su delirante monólogo interior, el personaje de Fonseca, un sociópata crecido en una favela, que sale a matar gente por los barrios residenciales de Río de Janeiro, enumera las deudas que la sociedad ha contraído con él: "¡Todos me deben algo! Me deben comida, coños, cobertores, zapatos, casa, coche, reloj, escuela, tocadiscos, respeto, helado, balón de futbol; todo me lo deben". Los cobradores mexicanos llevan la misma lista de agravios en la cabeza, pero además buscan desquitarse de una afrenta mayor: su propio sentimiento de inferioridad, agudizado por las bofetadas del presente y las heridas históricas que nunca cicatrizaron. Sus monólogos también supuran rencor, pero quien aspire a reconstruirlos con veracidad quizá deba usar el lenguaje del odio comedido y la prepotencia servil: "¿*Sí* me deja cortarle la yugular, patroncito? ¿*Sí* puedo violar a su señora esposa? ¿*Sí* me daría licencia de guardar su cadáver en la cajuela?".

Más que un delirio de superioridad, la discriminación es una conducta defensiva de las minorías cuando se sienten amenazadas por el rencor de las masas. En México, las élites han temido al pueblo desde los tiempos de la Colonia, cuando salir de noche por las calles de la ciudad o trasponer los límites de la traza urbana significaba jugarse la vida. Pero esa reacción sólo engendra un odio mayor, no sólo contra la casta privilegiada, sino contra la gente que no se cree inferior ni superior a nadie y ocupa una posición neutral en la lucha de clases. Todas las campañas de educación cívica emprendidas por instituciones públicas y privadas deberían estar dirigidas a combatir esta lacra social, o de lo contrario nos esperan tiempos atroces. Cuando una banda de secuestradores asesina a su rehén a pesar de haber cobrado el rescate, cuando los ladrones de autos prefieren cometer asaltos a mano armada que robar coches estacionados, cuando la saña proporciona mayor satisfacción que el botín, quiere decir que las aguas negras del inframundo social se están desbordando por la oclusión del drenaje. Si los gobiernos del futuro hicieran el milagro de limpiar el establo de Augías de la policía mexicana, pero la desigualdad, la discriminación y el racismo se mantuvieran como hasta ahora, sólo habremos conseguido que la cloaca estalle por otra parte.

ÍNDICE

Giros negros de Enrique Serna
se terminó de imprimir en el mes de julio de 2022
en los talleres de Diversidad Gráfica S.A. de C.V.
Privada de Av. 11 #1 Col. El Vergel, Iztapalapa,
C.P. 09880, Ciudad de México.